I0147782

EVANGELIO
TO^{DE}MÁS

APÓCRIFO CON INTERLINEAL COPTO

COMENTADO POR: *Ana Méndez Ferrell, Simón Aquino, Ana Louceiro Plattner y Lorenza Méndez*

VOICE OF THE LIGHT
MINISTRIES

EVANGELIO DE TOMÁS
APÓCRIFO CON INTERLINEAL COPTO

1° Edición Español 2023, Comentado por: Ana Méndez Ferrell, Simón Aquino, Ana Louceiro Plattner y Lorenza Méndez.

Publicado por: Ministerio Voz de la Luz / Estados Unidos de América
Teléfono: +1.904.834.2447
Categoría: Reino
Diseño de Portada: Ana Méndez Ferrell
Diagramación: Andrea Jaramillo

Derechos reservados. Esta publicación no puede ser reproducida ni transmitida en forma alguna, ni total ni parcialmente. Tampoco podrá ser archivada ni reproducida electrónicamente, mecánicamente, en fotocopia, grabación, ni por ningún medio de información sin los debidos permisos del autor.

Todas las referencias bíblicas has sido extraídas de la traducción Reina Valera, revisión 1960 y en algunos casos traducidas de la Biblia amplificada. Tambien usamos la Biblia Textual.

Impreso en Estados Unidos, Colombia y en México.

© **Dr. Ana Méndez Ferrell**
www.voiceofthelight.com | www.vozdelaluz.com
VOTL - P.O. Box 3418 Ponte Vedra, Florida, 32004 / E.E.U.U.

ISBN: 978-1-944681-58-6

ÍNDICE

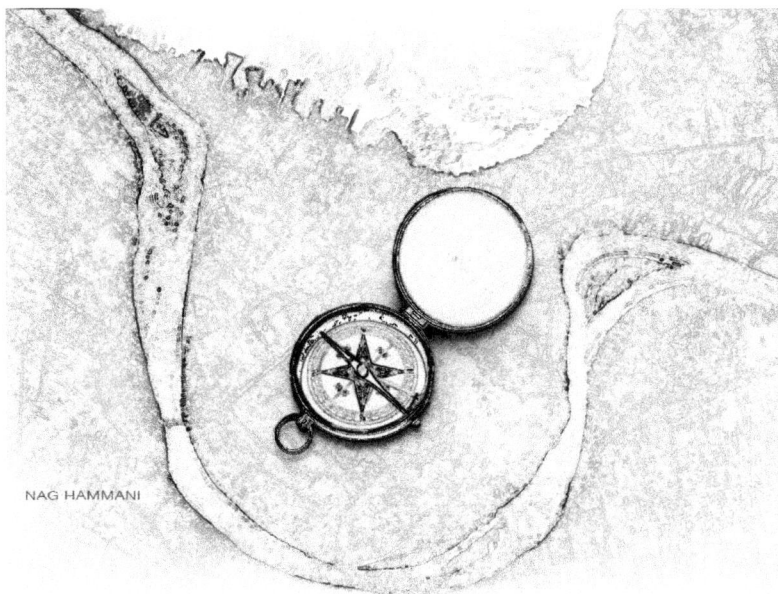

NAG HAMMANI

EVANGELIO
TOMÁS DE

APÓCRIFO CON INTERLINEAL COPTO

COMENTADO POR: *Ana Méndez Ferrell, Simón Aquino, Ana Louceiro Plattner y Lorenza Méndez*

Al compartir este preciado documento, lo hacemos con el fin de compartir la riqueza espiritual que hay en él. De ninguna manera queremos hacerlo igual a la Biblia, la cual es nuestra antorcha y nuestro ancla.

El evangelio de Tomás fue uno de los descubrimientos más extraordinarios del siglo XX.

Este documento era prácticamente desconocido y estuvo perdido en la historia hasta 1945. Antes de esto, se sabía que había existido, sólo por nombre.

El Evangelio de Tomás fue encontrado completo en las cuevas de Nag-Hammadi. Muchos le llaman el quinto Evangelio por la gran cantidad de versículos análogos a los evangelios sinópticos de Mateo, Marcos y Lucas.

Irineo, obispo de Lyon en el segundo siglo, se refiere al Evangelio de Tomás en su obra "Contra las herejías" y es parte de sus aseveraciones en contra del Gnosticismo.

Esta categoría se asumió tácitamente entre académicos aún después del descubrimiento del texto en 1945, tan sólo por la frase escrita por Irineo.

Fue hasta décadas después, tras la traducción y análisis de este evangelio, y demás textos hallados en Nag Hammadi, que los académicos llegaron a la conclusión que era incorrecto el catalogar a todo el compendio descubierto como gnóstico. A este respecto, Marvin Meyer y Elaine H. Pagels comentan: "¿Acaso no es engañoso clasificar estos textos como gnósticos? Dado a su variedad entendemos ahora que existe un amplio abanico de tradiciones del Cristianismo primitivo con las cuales no estamos familiarizados porque los obispos (Padres de la Iglesia), intentaron deslegitimar puntos de vista que distaban de sus propios argumentos[1]."

Por tanto, rescatar este evangelio implica sacarlo de la categoría gnóstica en la cual quedó desde el año 180 DC, encasillado por Irineo.

De todos los libros encontrados en la cueva de Nag Hammadi, ninguno ha atraído más atención que el evangelio de Tomás, que es, a diferencia de los demás evangelios, una colección de los dichos de Jesus.

---

1 "En lugar de referirse a todos los textos hallados en Nag Hammadi como una colección corporativa, los académicos al día de hoy prefieren analizarlos como únicos y no asociados, o bien relacionándolos con fuentes judías, cristianas o paganas. Ésto en lugar de asumir que todos estos textos se desvían de las corrientes principales del Cristianismo primitivo. De esta manera abrimos un más amplio espectro para considerar y entender las diferentes fuentes del Cristianismo primitivo. En lugar de discriminar, por sencillas suposiciones, que algo es orotodoxo o gnóstico, muchos de los académicos trabajando en los textos Coptos ahora investigan bajo antiguas y nuevas evidencias para plantear nuevas preguntas. Por ejemplo, muchos discutimos preguntas como, ¿acaso no es engañoso clasificar estos textos como Gnósticos? Dado a su variedad entendemos ahora que existe un amplio abanico de tradiciones del Cristianismo primitivo con las cuales no estamos familiarizados porque los obispos (Padres de la Iglesia), intentaron deslegitimar puntos de vista que distaban de sus propios argumentos." (Meyer, 2009)

El libro cuenta con 114 dichos y no tiene narrativa cronológica, no se habla de los milagros, ni de la pasión, ni de ninguna historia de la vida de Jesus, habla únicamente de las palabras que salieron de su boca.

Tomás, quizá aludiendo a la calidad "privada" de los diálogos o máximas, se refiere a las mismas como: "Los dichos secretos que Jesús viviente habló".

Clemente de Alejandría cita al Evangelio de Tomás, sin nombrar la fuente.

El texto en cuestión es el proverbio N° 2, que dice:

"Jesús ha dicho:

'Que quien busca no deje de buscar hasta que encuentre, y cuando encuentre se turbará, y cuando haya sido turbado se maravillará y reinará sobre la totalidad y hallará el reposo'.

Esto demuestra que el libro, en su forma primitiva, existía ya en el 190 d.C. fecha de composición de "Stromata" ("Remedios"), el libro que contiene dicha cita.

Sin embargo, existen evidencias que el de Tomás, pudo haber sido el evangelio más antiguo (con seguridad su versión original es anterior al

100 D.C.). Al menos, de entre los documentos que hoy se conservan el que recoge con mayor fidelidad y sin agregados mítico-legendarios las palabras dichas por el Jesús histórico.

A lo largo de este comentario, veremos que muchos de los dichos son completamente anti-gnósticos, y ninguno de ellos promueve las enseñanzas gnósticas.

SOBRE TOMÁS, EL APÓSTOL

Tomás, uno de los doce apóstoles debe su celebridad a sus preguntas y sus dudas. él dice: «Si no veo en sus manos la señal de los clavos, si no meto el dedo en el agujero de los clavos y no meto la mano en su costado, no lo creo» (Juan 20:25).

Tomás era pensador, analista, un hombre con capacidad de reflexionar cosas profundas. Es por eso que Jesús lo separa para hablarle a él cosas que serían incomprensibles para una mentalidad simple. A menudo olvidamos que Tomás es, sobre todo, el primero que ante el misterio de las llagas de Cristo resucitado dio a Jesús su título verdadero. Para confesar su fe en Jesús, dijo: «¡Señor mío y Dios mío!» (Juan 20: 28).

Tomás evangelizó el sur de la India, donde se le considera el fundador de la Iglesia india en Malankara a donde llegó en el año 52 d.C. y sufrió el martirio en el 72 D.C. Su tumba se encuentra en este país, en la basílica de Santo Tomás, en Chennai. Se le atribuye este evangelio apócrifo.

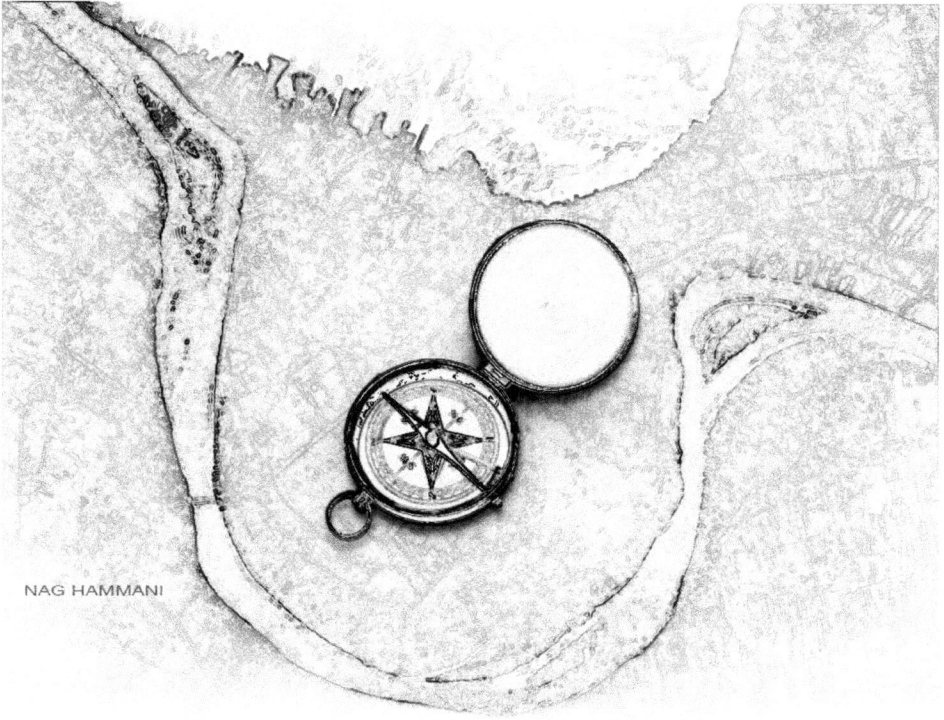

NAG HAMMANI

PRÓLOGO

ΝΑΕΙ	ΝΕ	N̄·ϢΑΧΕ	ΕΘΗΠ`	ΕΝΤΑ·ĪC	ΕΤ·ΟΝϨ
These	are	the-words	()-hidden,	which-*JS01*	who-lives
·ΧΟ·ΟΥ	ΑΥϢ	ΑϤ·CϨΑΙCΟΥ	N̄ϬΙ·ΔΙΔΥΜΟC		
-spoke(them),	and	he-wrote-them,	viz-Didymos		
ΪΟΥΔΑC	ΘϢΜΑC	ΑΥϢ	ΠΕΧΑ·Ϥ`	ΧΕ	ΠΕ-
Judas	Thomas,				

EVANGELIO DE TOMÁS

APÓCRIFO CON INTERLINEAL COPTO

DICHOS

1

ΠΕΧΑ·q' ΧΕ ΠΕ-
said-he this: Who-

-ΤΑ·2Ε Ε·ΘΕΡΜΗΝΕΙΑ Ν·ΝΕΕΙ·ϢΑΧΕ q·ΝΑ·
-ever-falls onto-the-meaning of-these-words, he-will-

·ΧΙ·ϮΠΕ ΑΝ Μ·Π·ΜΟΥ'
-take-taste not of(the)Death.

These are the secret sayings that the living Jesus spoke and which Didymos Judas Thomas wrote down. He who finds the interpretation to these sayings shall not find death.

Estos son los dichos secretos que ha proclamado Jesús el viviente, y que anotó Dídimo Judas Tomás:

Y él ha dicho: Quien encuentra la interpretación de estos dichos, no experimentará la muerte.

El Apóstol Pablo habla también de una sabiduría oculta o secreta que solo los maduros pueden entender. Tomás era de esos pensadores a los cuales Jesús podía hablarles dichos profundos.

1 Corintios 2:6-7

"Sin embargo, hablamos sabiduría entre los que han alcanzado madurez; pero una sabiduría no de este siglo, ni de los gobernantes de este siglo, que van desapareciendo, sino que hablamos sabiduría de Dios en misterio, la sabiduría oculta que, desde antes de los siglos, Dios predestinó para nuestra gloria."

Jesús les dio la verdadera interpretación de su Palabra a quienes eran sus discípulos. Estos eran los que creían verdaderamente en Él y por esta causa no verían muerte.

Lucas 8-10

"y Él dijo: A vosotros se os ha concedido conocer los misterios del reino de Dios, pero a los demás les hablo en parábolas, para que VIENDO, NO VEAN; Y OYENDO, NO ENTIENDAN."

Tomás no está implicando que la salvación es por entender versos, sino que a lo largo del escrito queda claro que el conocerlo es creer en Él y en Su vida dentro del creyente.

2

ΠΕΧΕ·ΙC <> ΜΝΤΡΕϥ·ˋ
Said Jesus (this) Let-not-him-

·λο Ν6ι·ΠΕΤ·ˋ·ϢΙΝΕ Εϥ·ˋ·ϢΙΝΕ ϢΑΝΤΕϥ·ˋ
-stop, viz-he-who-\ -seek, as-he-\ -seek, until-he-

·6ΙΝΕ ΑΥϢ 2ΟΤΑΝˋ Εϥ·ϢΑΝ·6ΙΝΕ ϥ·ΝΑ·
-find, > and when he-should-find, he-will-

·ϢΤΡΤΡ ΑΥϢ Εϥ·ϢΑΝ·ˋ·ϢΤΟΡΤΡ ϥ·ΝΑ·Ρ·
-be-troubled, > and if-he-should \be-troubled, he-will-become-

·ϢΠΗΡΕ ΑΥϢ ϥ·ΝΑ·Ρ·
amazed, > and he-will-become-

(left-half of line is blank)

·ΡΡΟ ΕΧΜ·Π·ΤΗΡ·ϥ ΠΕΧΕ·ΙC ΧΕ ΕΥ·ϢΑ·
-king over-the-All. Said Jesus that

Jesus said, "Let him who seeks continue seeking until he finds. When he finds, he will become troubled. When he becomes troubled, he will be astonished, and he will rule over the all."

Jesús ha dicho: "Que quien busca no deje de buscar hasta que encuentre, y cuando encuentre se turbará, y cuando haya sido turbado se maravillará y reinará sobre la totalidad y hallará el reposo.

INTERPRETACIÓN:

Jesús nos anima a buscar el Reino de Dios.

Mateo 6:33
"Buscad el Reino de Dios y su Justicia y todas estas cosas os serán añadidas."

El Reino de Dios está comprendido de Misterios y de una realidad que no es de este mundo. Al encontrarnos con estas revelaciones nos maravillamos, pero hay las que sacudan todo nuestro pensamiento natural y de este mundo y por tanto nos turban. Al vencer nuestra forma carnal de pensar es que reinamos sobre todas cosas.

3

<table>
<tr><td>ΠΕΧΕ·ΙC</td><td>ΧΕ</td><td>ΕΥ·ϢΑ·</td></tr>
<tr><td>Said Jesus</td><td>this:</td><td>If-they-should-</td></tr>
</table>

·ΧΟ·ΟC	ΝΗ·ΤΝ̄	Ν̄ϬΙ·ΝΕΤ°·CⲰΚ	2ΗΤ·`·ΤΗΥΤΝ̄
-speak	to-you(pl),	viz-those-who-\ -lead	before\yourselves,

ΧΕ	ΕΙC·2ΗΗΤΕ	Ε·Τ·`·ΜΝ̄ΤΕΡΟ	2Ν̄·Τ·ΠΕ	Ε-
this-	" Behold,	is-the-\ -kingdom	in-the-sky",	t-

-ΕΙΕ	Ν̄·2ΑΛΗΤ`	·ΝΑ·Ρ̄·ϢΟΡΠ`	ΕΡⲰ·ΤΝ̄	Ν̄ΤΕ·
-hen	the-birds	will-become-first	before-you(pl)	of-

·Τ·ΠΕ	ΕΥ·ϢΑΝ·ΧΟ·ΟC	ΝΗ·ΤΝ̄	ΧΕ	C·2Ν̄·ΘΑ-
-the-sky. >	If-they-should-speak	to-you(pl)	this-	"She(is)in-the-s-

-ΛΑCCΑ	ΕΕΙΕ	Ν̄·ΤΒΤ`	·ΝΑ·Ρ̄·ϢΟΡΠ`	ΕΡⲰ·ΤΝ̄
-ea",	then	the-fish	will-become-first	before-you(pl).

ΑΛΛΑ	Τ·ΜΝ̄ΤΕΡΟ	C·Μ̄·ΠΕΤΝ̄·2ΟΥΝ`	ΑΥⲰ
Rather,	the-kingdom,	she(is)of-your(pl)-inner,	and

C·Μ̄·ΠΕΤΝ̄·ΒΑΛ`	2ΟΤΑΝ	ΕΤΕΤΝ̄·ϢΑΝ·
she(is)of-your(pl)-eye(outer). >	When	you(pl)-should-

·CΟΥⲰΝ·ΤΗΥΤΝ̄	ΤΟΤΕ	CΕ·ΝΑ·CΟΥⲰ ̄·
-know-yourselves,	then	they-will-know-

·ΤΗΝΕ	ΑΥⲰ	ΤΕΤΝΑ·ΕΙΜΕ	ΧΕ	Ν̄·ΤⲰ·ΤΝ̄	ΠΕ
-you(pl),	and	you(pl)-will-realize	that	you(pl)	are

Ν̄·ϢΗΡΕ	Μ̄·Π·ΕΙⲰΤ`	ΕΤ·ΟΝ2	ΕϢⲰΠΕ	ΔΕ
the-sons	of-the-father	who-lives. >	If,	hwvr,

ΤΕΤΝΑ·CΟΥⲰΝ·ΤΗΥΤΝ̄	ΑΝ	ΕΕΙΕ	ΤΕΤΝ̄·
you(pl)-will-know-yourselves	not,	then	you(pl)-

·ϢΟΟΠ`	2Ν̄·ΟΥ·ΜΝ̄Τ·2ΗΚΕ	ΑΥⲰ	Ν̄·ΤⲰ·ΤΝ̄
-exist	in(a)poverty,	and	you(pl)

ΠΕ	Τ·ΜΝ̄Τ·2ΗΚΕ
(are)	the-poverty.

Jesus said, "If those who lead you say to you, 'See, the kingdom is in the sky,' then the birds of the sky will precede you. If they say to you, 'It is in the sea,' then the fish will precede you. Rather, the kingdom is inside of you, and it is outside of you. When you come to know yourselves, then you will become known, and you will realize that it is you who are the sons of the living father. But if you will not know yourselves, you dwell in poverty and it is you who are that poverty."

Jesús ha dicho: Si aquellos que os guían os dijeran, "¡Ved, el Reino está en el Cielo!", entonces las aves del Cielo os precederían. Si os dijeran, "¡Está en el mar!", entonces los peces del mar os precederían. Más bien, el Reino de Dios está adentro de vosotros y está fuera de vosotros. Quienes llegan a conocerse a sí mismos lo hallarán y cuando lleguéis a conoceros a vosotros mismos, sabréis que sois los Hijos del Padre viviente. Pero si no os conocéis a vosotros mismos, moráis en la pobreza y sois la pobreza.

INTERPRETACIÓN:

Jesús habló de su Reino el cual estaba en medio de nosotros.

Lucas 17:20-21
"Y preguntado por los Fariseos, cuándo había de venir el reino de Dios, les respondió y dijo: El reino de Dios no vendrá visiblemente,

Ni dirán: Helo aquí, o helo allí: porque he aquí el reino de Dios entre vosotros está."

El no vivir por y en el Reino de Dios y conocer nuestra naturaleza de hijos de Dios y de esposa del Cordero, conlleva a vivir en la pobreza de esta existencia y ser nosotros mismos la pobreza. En nuestro interior se lleva a cabo la unidad gloriosa del Espíritu de Dios y el Espíritu del Hombre, la cual nos conduce a conocer a Cristo y a sabernos hijos de Dios con todos los privilegios.

4

ΠΕΧΕ·ΙC
Said Jesus

ΠΕ   Τ·ΜΝ̄Τ·2ΗΚΕ   ΠΕΧΕ·ΙC <> Ч·ΝΑ·ΧΝΑΥ   ΑΝ
(are)   the-poverty.   >   *Said-*JS04* (this) He-will-delay   not,

Ν̄ΟΙ·Π·ΡШΜΕ   Ν̄·2ΛΛΟ   2Ν̄·ΝΕЧ·2ΟΟΥ   Ε·ΧΝΕ·
viz-the-man   of-oldness   in-his-days,   to-ask-

·ΟΥ·ΚΟΥΕΙ   Ν̄·ШΗΡΕ·ШΗΜ   ΕЧ·2Ν̄·CΑШЧ̄
-a-little   small-child,   he-being-of-seven

Ν̄·2ΟΟΥ   ΕΤΒΕ·Π·ΤΟΠΟC   Μ̄·Π·ШΝ2   ΑΥШ
days,   about-the-place   of(the)Life,   and

Ч·ΝΑ·ШΝ2   ΧΕ ΟΥΝ̄·2Α2   Ν̄·ШΟΡΠ`   ·ΝΑ·Ρ̄·2Α-
he-will-live,   > for there-are-many   first   will-become-la-

-Ε   ΑΥШ   Ν̄CΕ·ШШΠΕ   ΟΥΑ ΟΥШΤ   ΠΕΧΕ·ΙC
-st,   > and   the̲y(will̲)come-to-be̲   one alone.   >   *Said-*JS05*

Jesus said, "The man old in days will not hesitate to ask a small child seven days old about the place of life, and he will live. For many who are first will become last, and they will become one and the same."

Jesús ha dicho: La persona mayor en días no vacilará en preguntar a un infante de siete días con respecto al lugar de la vida y vivirá. Pues

muchos que son primeros serán los últimos y los últimos primeros. Y se convertirán en una sola unidad.

INTERPRETACIÓN:

Este dicho es paralelo a

> **Mateo 20:16**
> "Así, los primeros serán postreros, y los postreros, primeros; porque muchos son llamados, mas pocos escogidos."

Esto se los refiere en la parábola del Señor de la viña y sus obreros. Unos sirvieron desde temprano y otros más tarde. Jesús sin embargo parte del principio de la unicidad del Reino en la cual todos somos parte del cuerpo de Cristo en la unidad perfecta que Él tuvo con el Padre.

> **Juan 17:21**
> "para que todos sean uno; como tú, oh Padre, en mí, y yo en ti, que también ellos sean uno en nosotros; para que el mundo crea que tú me enviaste."

Por otro lado, sabemos que venimos de Dios y hemos sido escogidos desde antes de la fundación del mundo. (Efesios 1:3-4) Un bebé nace en plena conciencia de Dios en su estado de inocencia casi perfecta. Estado que un anciano de años perdió en su paso por el mundo.

5

ΠΕΧΕ·ΙC
Said Jesus

COYⲰN·ΠΕΤ·Ⲙ·Π·ⲘΤΟ   Ⲙ·ΠΕΚ·2Ο   ΕΒΟΛ
Know-what-is-in-the-presence of-your(sg)-face   (   ),
ΑYⲰ ΠΕΘΗΠ   ΕΡΟ·Κ   Ϥ·ΝΑ·ϬⲰΛΠ   ΕΒΟΛ
and   what-is-hidden   to-you(sg), ()will-be-revealed   forth
ΝΑ·Κ   ⲘⲚ·ΛΛΛY ΓΛΡ   ΕϤ·2ΗΠ ΕϤ·ΝΑ·ΟYⲰΝ2
to-you(sg), > (for) no-thing, (---), being-hidden   ()will-appear
ΕΒΟΛ   ΑΝ
forth   not.

Jesus said, "Recognize what is in your sight, and that which is hidden from you will become plain to you, for there is nothing hidden which will not become manifest. nor buried that [will not be raised]."

Jesús ha dicho: Conoce lo que está enfrente de tu rostro y lo que se esconde de ti se te revelará. Pues no hay nada escondido que no será revelado, y nada enterrado que no será levantado.

INTERPRETACIÓN:

Este dicho es paralelo a **Marcos 4:22**

"Porque no hay nada oculto que no haya de ser manifestado; ni escondido, que no haya de salir a luz."

Aquí Jesus no está hablando tanto de pecados o intenciones ocultas, sino de revelaciones en las dimensiones del Reino que están atrás de las cosas obvias.

También hace referencia a la naturaleza de resurrección que se manifiesta por medio de nosotros.

6

ⲡⲉⲭⲉ·ⲓ̅ⲥ̅ ⲭⲉ ⲘⲠⲢ·ⲭⲉ·Ϭⲟⲗ ⲁⲩ-
Said Jesus this: Do-not-tell-lies, > an-
-ⲱ ⲠⲈⲦⲈⲦⲘ·ⲘⲟⲤⲦⲈ Ⲙ·Ⲙⲟ·ϥ` ⲘⲠⲢ·ⲁ·ⲁϥ ⲭⲉ
-d that-which-you(pl)-hate (it(m)), do-not-do-it(m), > for
ⲤⲈ·ϬⲟⲗⲠ` ⲐⲎⲢ·ⲞⲨ ⲈⲂⲞⲗ Ⲙ·ⲠⲈ·ⲘⲦⲞ ⲈⲂⲞⲗ
they-are-revealed, all-of-them, forth, in-the-presence ( )
Ⲛ·Ⲧ·ⲠⲈ ⲘⲚ·ⲗⲁⲁⲨ ⲄⲀⲢ Ⲉϥ·ⲘⲎⲠ` Ⲉϥ·ⲚⲀ·ⲞⲨ-
of-the-sky, >(for) no-thing, (---), ()hidden ()may-ap-
-ⲰⲚⲌ ⲈⲂⲞⲗ ⲀⲚ ⲀⲨⲰ ⲘⲚ·ⲗⲁⲁⲨ Ⲉϥ·ⲌⲞⲂⲤ̄ ⲈⲨ·
-pear forth not, > and nothing ()covered they-
·ⲚⲀ·ϬⲰ ⲞⲨⲈⲰⲚ·ϬⲟⲗⲠ·ϥ`
-will-remain without-revealing-it(m).

His disciples questioned him and said to him, "Do you want us to fast? How shall we pray? Shall we give alms? What diet shall we observe?"

Jesus said, "Do not lie, and do not do what you hate, for all things are plain in the sight of heaven. For nothing hidden will not become manifest, and nothing covered will remain without being uncovered.

Sus discípulos le preguntan, le dicen: ¿Cómo quieres que ayunemos, y cómo oraremos? ¿Y cómo daremos limosna, y cuál dieta mantendremos?

Jesús ha dicho: No mintáis, y no practiquéis lo que odiáis porque todo se revela delante del rostro del Cielo. Pues no hay nada escondido que no será revelado, y no hay nada oculto que quedará sin ser descubierto.

INTERPRETACIÓN:

En este dicho Jesús nos habla en contra de la hipocresía, grandemente practicada por los fariseos y hoy en día por los religiosos. Estos hacían y hacen las cosas por obligación y no por el deseo del corazón. Aun odiando dar ofrendas, ayunar u orar lo hacen para cumplir con un sistema religioso. Todo esto es abominable a Dios quién ve las intenciones del corazón.

Todo el capítulo de Mateo 6 amplifica este dicho de Jesús.

7

ΠЄΧЄ·ⲓ̅ⲥ̅	<>	ⲟⲩ·
Said Jesus	(this)	a-

·ⲘⲀⲔⲀⲣⲓⲟⲥ	ⲡⲉ	ⲡ·Ⲙⲟⲩⲉⲓ	ⲡⲀⲉⲓ	ⲉⲧⲉ
-blessed-one	is	the-lion,	the-one	which

ⲡ·ⲣⲱⲘⲉ	·ⲛⲁ·ⲟⲩⲟⲘ·ϥ	ⲁⲩⲱ	ⲛ̅ⲧⲉ·ⲡ·Ⲙⲟⲩⲉⲓ
the-man	will-eat-him;	and	the-lion

·ϣⲱⲡⲉ	ⲣ̅·ⲣⲱⲘⲉ	ⲁⲩⲱ	ϥ·ⲃⲏⲧ`	ⲛ̅ϭⲓ·ⲡ·ⲣⲱ-
-comes-to-be	man. >	And	he-is-cursed,	viz-the-m-

-Ⲙⲉ	ⲡⲀⲉⲓ	ⲉⲧⲉ	ⲡ·Ⲙⲟⲩⲉⲓ	·ⲛⲁ·ⲟⲩⲟⲘ·ϥ	ⲁⲩ-
-an,	the-one	which	the-lion	will-eat-him;	an-

-ⲱ	ⲡ·Ⲙⲟⲩⲉⲓ	·ⲛⲁ·ϣⲱⲡⲉ
-d	the-lion	will-come-to-be

Jesus said, "Blessed is the lion which becomes man when consumed by man; and cursed is the man whom the lion consumes, and the lion becomes man."

Jesús ha dicho: Bendito sea el león que el humano come y el león se convertirá en humano. Y maldito sea el humano a quien el león come y el humano se convertirá en león.

INTERPRETACIÓN:

El término León, puede aplicarse simbólicamente al sistema de este mundo. En varios casos vemos Reinos siendo representados por bestias como los describe el profeta Daniel.

Cuando el hombre justo crucifica este mundo para sí, (el hombre se come al león) lo transforma en justicia, de esta manera el mundo (el león) es bendecido.

Cuando el sistema de este mundo (el león) devora al impío, se maldice por la misma iniquidad del hombre.

El sistema de este mundo va tomando su forma de acuerdo a la mente de los hombres a quienes consume.

Pedro hace también referencia al diablo que como león rugiente busca a quien devorar (1Pedro 5:8). Lo cual se aplica a la segunda parte del dicho: Maldito el hombre a quien el diablo devora, ya que de esta forma el diablo se apodera de todo lo que es esa persona para hacerse visible por medio de ella y despojarla de todo.

Otra interpretación puede ser:

El hombre, superior al león representa la vida del espíritu.

El león, inferior al hombre a la vida de la carne.

Cuando la vida del espíritu absorbe (come) la vida de la carne. Lo que es hecho en nuestra humanidad se convierte en espiritual. (orar, ayunar, dar).

Cuando la vida carnal absorbe o elimina la vida espiritual, lo espiritual deja de ser para que triunfe lo carnal.

8

ⲀⲨⲰ ⲠⲈ-
> And sa-

-ⲬⲀ·ϥ ⲬⲈ Ⲉ·Ⲡ·ⲢⲰⲘⲈ ·ⲦⲚ̄ⲦⲰⲚ Ⲁ·Ⲩ·ⲞⲨⲰⲰ2Ⲉ
-id-he this: does-the-man compare to-a-fisherman

Ⲣ̄·ⲠⲘ·Ⲛ̄·2ⲎⲦ` ⲠⲀⲈⲒ Ⲛ̄ⲦⲀ2·ⲚⲞⲨⲬⲈ Ⲛ̄·ⲦⲈϥ·Ⲁ-
wise, the-one who-cast his-n-

-ⲂⲰ Ⲉ·ⲐⲀⲖⲀⲤⲤⲀ Ⲁϥ·ⲤⲰⲔ Ⲙ̄·ⲘⲞ·Ⲥ Ⲉ·2ⲢⲀⲒ
-et to-the-sea; he-drew her up

2Ⲛ̄·ⲐⲀⲖⲀⲤⲤⲀ ⲈⲤ·ⲘⲈ2 Ⲛ̄·ⲦⲂⲦ` Ⲛ̄·ⲔⲞⲨⲈⲒ Ⲛ̄·
from-the-sea, she-being-full of-fish, little-ones from-

·2ⲢⲀⲒ Ⲛ̄·2ⲎⲦ·ⲞⲨ Ⲁϥ·2Ⲉ Ⲁ·Ⲩ·ⲚⲞ6 Ⲛ̄·ⲦⲂⲦ Ⲉ·ⲚⲀ-
-below; > among-them he-fell upon-a-great fish, -

-ⲚⲞⲨ·ϥ` Ⲛ̄6Ⲓ·Ⲡ·ⲞⲨⲰ2Ⲉ Ⲣ̄·ⲠⲘ·Ⲛ̄·2ⲎⲦ` Ⲁϥ·ⲚⲞⲨ-
-good(), viz-the-fisherman wise; > did-he-ca-

-ⲬⲈ Ⲛ̄·Ⲛ̄·ⲔⲞⲨⲈⲒ ⲦⲎⲢ·ⲞⲨ Ⲛ̄·ⲦⲂⲦ` ⲈⲂⲞⲖ Ⲉ[Ⲡ·Ⲉ]-
-st the-little-ones all-of-them fish back (d-

-ⲤⲎⲦ` Ⲉ·ⲐⲀⲖⲀⲤⲤⲀ Ⲁϥ·ⲤⲰⲦⲠ` Ⲙ̄·Ⲡ·ⲚⲞ6 Ⲛ̄·
-own) to-the-sea; did-he-choose the-great -

·ⲦⲂ̄Ⲧ ⲬⲰⲢⲒⲤ·2ⲒⲤⲈ ⲠⲈⲦⲈ·ⲞⲨⲚ̄·ⲘⲀⲀⲬⲈ Ⲙ̄·ⲘⲞ·ϥ
-fish without-trouble. > He-who-has-ear of-him

Ⲉ·ⲤⲰⲦⲘ̄ ⲘⲀⲢⲈϥ·`·ⲤⲰⲦⲘ̄
to-listen, let-him- \ -listen.

And he said, "The man is like a wise fisherman who cast his net into the sea and drew it up from the sea full of small fish. Among them the wise fisherman found a fine large fish. He threw all the small fish back into the sea and chose the large fish without difficulty. Whoever has ears to hear, let him hear."

Y él ha dicho: El Reino se asemeja a un pescador sabio que echó su red al mar. La sacó del mar llena de peces. Entre ellos descubrió un pez grande y bueno. Aquel pescador sabio volvió a arrojar todos los peces al mar, escogió sin vacilar el pez grande. Quien tiene oídos para oír, ¡que oiga!

INTERPRETACIÓN:

Este dicho es paralelo a

Mateo 13:47-48

"El reino de los cielos también es semejante a una red barredera que se echó en el mar, y recogió peces de toda clase; y una vez llena, la sacan a la orilla; y sentados, recogen lo bueno en cestas, y lo malo echan fuera."

Esto nos habla de la elección que Dios hace a sus verdaderos discípulos, quienes son oidores de su Palabra y su corazón es receptivo y humilde para seguir sus mandamientos.

9

ⲡⲉⲭⲉ·ⲓ̅ⲥ̅ ⲉⲓⲥ·ⲍⲏ-
Said Jesus   Beho-

-ⲏⲧⲉ` ⲁϥ·ⲉⲓ ⲉⲃⲟⲗ ⲛ̅ϭⲓ·ⲡⲉⲧ·`·ⲥⲓⲧⲉ ϥ·ⲙⲉⲍ·ⲧⲟⲟⲧ·ϥ̄
-ld,   he-came   out,   viz-he-who-\-sows;   he-fills-his-hand,

ⲁϥ·ⲛⲟⲩⲭⲉ ⲁ·ⲍⲟⲉⲓⲛⲉ ⲙⲉⲛ ·ⲍⲉ ⲉⲝⲛ̅·ⲧⲉ·ⲍⲓⲏ`
he-cast;   >   did-some,   indeed,   fall   onto-the-road;

ⲁⲩ·ⲉⲓ ⲛ̅ϭⲓ·ⲛ̄·ⲍⲁⲗⲁⲧⲉ ⲁⲩ·ⲕⲁⲧϥ·ⲟⲩ ⲍⲛ̅·ⲕⲟⲟⲩⲉ
they-came,   viz-the-birds;   they-gathered-them;   >   some-others,

ⲁⲩ·ⲍⲉ ⲉⲝⲛ̅·ⲧ·ⲡⲉⲧⲣⲁ ⲁⲩⲱ ⲙ̄ⲡⲟⲩ·ⲭⲉ·ⲛⲟⲩⲛⲉ
they-fell   onto-the-rock,   and   did-not()send-roots

ⲉ·ⲡ·ⲉⲥⲏⲧ` ⲉ·ⲡ·ⲕⲁⲍ ⲁⲩⲱ ⲙ̄ⲡⲟⲩ·ⲧⲉⲩⲉ·ⲍⲙ̄ⲥ̄ ⲉ·ⲍ-
(down)   to-the-earth,   and   did-not()send-ears   ris-

-ⲣⲁⲓ̈ ⲉ·ⲧ·ⲡⲉ ⲁⲩⲱ ⲍⲛ̅·ⲕⲟⲟⲩⲉ ⲁⲩ·ⲍⲉ ⲉⲝⲛ̅·ⲛ·ϣⲟ⁻ -
-ing   to-the-sky.   > And   some-others,   they-fell   onto-thorn-

-ⲧⲉ ⲁⲩ·ⲱϭⲧ` ⲙ̄·ⲡⲉ·ϭⲣⲟϭ ⲁⲩⲱ ⲁ·ⲡ·ϥⲛ̄ⲧ ·ⲟⲩⲟⲙ·ⲟⲩ
-s;   they-choked   the-seed,   and   did-the-worm eat-them;

ⲁⲩⲱ ⲁ·ⲍⲛ̄·ⲕⲟⲟⲩⲉ ·ⲍⲉ ⲉⲝⲛ̅·ⲡ·ⲕⲁⲍ ⲉⲧ·ⲛⲁⲛⲟⲩ·ϥ`
and   did-some-others   fall   upon-the-earth   which-was-good(),

ⲁⲩⲱ ⲁϥ·ϯ·ⲕⲁⲣⲡⲟⲥ ⲉ·ⲍⲣⲁⲓ̈ ⲉ·ⲧ·ⲡⲉ ⲉ·ⲛⲁⲛⲟⲩ·ϥ` ⲁϥ·
and   it(m)-gave-fruit   up   to-the-sky   good();   did-he-

·ⲉⲓ ⲛ̄·ⲥⲉ ⲉ·ⲥⲟⲧⲉ ⲁⲩⲱ ϣⲉ·ⲭⲟⲩⲱⲧ` ⲉ·ⲥⲟⲧⲉ
-come   60   per-measure,   and   120   per-measure.

Jesus said, "Now the Sower went out, took a handful (of seeds), and scattered them. Some fell on the road; the birds came and gathered them up. Others fell on rock, did not take root in the soil, and did not produce ears. And others fell on thorns; they choked the seed(s) and worms ate them. And others fell on the good soil and it produced good fruit: it bore sixty per measure and a hundred and twenty per measure."

Jesús ha dicho: He aquí que el sembrador salió y tomó un puñado de semillas, esparció.

Algunas en verdad cayeron en el camino y vinieron los pájaros, las recogieron. Otras cayeron sobre la roca y no arraigaron abajo en el suelo y no retoñaron espigas. Y otras cayeron entre las espinas, las cuales ahogaron las semillas y el gusano se las comió. Y otras cayeron en la tierra buena y produjeron cosecha buena hacia el Cielo, rindió sesenta por medida y ciento veinte por medida.

INTERPRETACIÓN:

Este dicho es paralelo a

Mateo 13:3-9

"Y les habló muchas cosas por parábolas, diciendo: He aquí, el sembrador salió a sembrar. 4 Y mientras sembraba, parte de la semilla cayó junto al camino; y vinieron las aves y la comieron. 5 Parte cayó en pedregales, donde no había mucha tierra; y brotó pronto, porque no tenía profundidad de tierra; 6 pero salido el sol, se quemó; y porque no tenía raíz, se secó. 7 Y parte cayó entre espinos; y los espinos crecieron, y la ahogaron. 8 Pero parte cayó en buena tierra, y dio fruto, cuál a ciento, cuál a sesenta, y cuál a treinta por uno."

10

ΠΕΧΕ·ΙC	ΧΕ	ΛΕΙ·ΝΟΥΧΕ	Ν̄·ΟΥ·ΚѠ2Τ`	ΕΧΝ̄·
Said Jesus	this:	I-have-cast	(a)fire	upon-
·Π·ΚΟCΜΟC	ΛΥѠ	ΕΙC·2ΗΗΤΕ	†·ΛΡΕ2	ΕΡΟ·q`
-the-world,	and	behold,	I-watch	over-him
ѠΛΝΤΕq·ΧΕΡΟ	ΠΕΧΕ·ΙC	ΧΕ	ΤΕΕΙ·ΠΕ	·ΝΛ·Π̄·ΠΛ-
until-he-burns.				

Jesus said, "I have cast fire upon the world, and see, I am guarding it until it blazes."

Jesús ha dicho: He arrojado fuego sobre el mundo y he aquí que lo estoy vigilando hasta que arda en llamas.

INTERPRETACIÓN:

El fuego tiene un significado doble. Por un lado, es el fuego del Espíritu, la promesa cumplida en Pentecostés. Es un fuego que quema la visión personal que tenemos de cada uno de nosotros revelando nuestra verdadera naturaleza. Este fuego es como la espada flamígera de Dios cortando nuestros apegos al sistema de este mundo.

> Juan el Bautista dijo: "Yo a la verdad os bautizo en agua para arrepentimiento; pero el que viene tras mí, cuyo calzado yo no soy digno de llevar, es más poderoso que yo; él os bautizará en Espíritu Santo y fuego" **(Mateo 3:11)**.

El fuego también es símbolo de justicia, de purificación y de juicio.

El pasaje de Mateo concluye diciendo:

> "Su aventador está en su mano, y limpiará su era; y recogerá su trigo en el granero, y quemará la paja en fuego que nunca se apagará" **(Mateo 3:12)**.

Otro ejemplo en este mismo sentir lo vemos reflejado en el segundo libro de Samuel.

2 Samuel 22:9 y 13-15

> "Humo subió de su nariz,
> Y de su boca fuego consumidor;
> Carbones fueron por él encendidos.
>
> Por el resplandor de su presencia se encendieron carbones ardientes.
>
> Y tronó desde los cielos Jehová,
> Y el Altísimo dio su voz;
>
> Envió sus saetas, y los dispersó;
> Y lanzó relámpagos, y los destruyó."

Al cumplirse la Justicia por medio de la vida, muerte y resurrección de Cristo, todo lo sistema religioso desalineado de Dios, en que se había convertido Israel, sería destruido por fuego. Esto tuvo lugar en el año 70 AD, cundo Jerusalén y el templo son deshechos por fuego.

11

ΠΕΧΕ·ΙC ΧΕ ΤΕΕΙ·ΠΕ ·ΝΑ·Ρ·ΠΑ-
Said Jesus this: This-heaven will-pass-
-ΡΑΓΕ ΑΥШ ΤΕΤ·Ν·Τ·ΠΕ Μ·ΜΟ·C ·ΝΑ·Ρ·ΠΑΡΑΓΕ
-away, and she-who-is-above her will-pass-away,
ΑΥШ ΝΕΤ·ΜΟΟΥΤ CΕ·ΟΝ2 ΑΝ ΑΥШ ΝΕΤ·ΟΝ2
and those-who-are-dead, they-live not, and those-who-live,
CΕ·ΝΑ·ΜΟΥ ΑΝ Ν·2ΟΟΥ ΝΕ·ΤΕΤΝ·ΟΥШΜ
they-will-die not. > The-days you(pl)-were-eating
Μ·ΠΕΤ·ΜΟΟΥΤ ΝΕ·ΤΕΤΝ·ΕΙΡΕ Μ·ΜΟ·Ϥ Μ·ΠΕ-
what-is-dead, you(pl)-were-making it(m) that-
-Τ·ΟΝ2 2ΟΤΑΝ ΕΤΕΤΝ·ШΑΝ·ШШΠΕ 2Μ·Π·ΟΥ-
-which-lives; when you(pl)-should-come-to-be in-the-l-
-ΟΕΙΝ ΟΥ ΠΕ ΤΕΤΝΑ·Α·Ϥ 2Μ·ΦΟΟΥ ΕΤΕΤΝ·
-ight, what is (it) you(pl)-will-do()? > On-the-day you(pl)-
·Ο Ν·ΟΥΑ ΑΤΕΤΝ·ΕΙΡΕ Μ·Π·CΝΑΥ 2ΟΤΑΝ ΔΕ
-were one, you(pl)-made the-two; when, hwvr,
ΕΤΕΤΝ·ШΑ·ШШΠΕ Ν·CΝΑΥ ΟΥ ΠΕ ΕΤΕ-
you(pl)-should-come-to-be two, what is (it) which
-ΤΝ·ΝΑ·Α·Ϥ
-you(pl)will-do()?

Jesus said, "This heaven will pass away, and the one above it will pass away. The dead are not alive, and the living will not die. In the days when you consumed what is dead, you made it what is alive. When you come to dwell in the light, what will you do? On the day when you were one you became two. But when you become two, what will you do?"

Jesús ha dicho: Este Cielo pasará y pasará el que está más arriba. Y los muertos no están vivos y los vivos no morirán. En los días cuando comíais lo que está muerto, lo transformasteis a la vida. Cuando entréis en la luz, ¿qué haréis? En el día cuando erais uno, os hiciste dos, mas cuando os hayáis hecho dos, ¿qué haréis?

INTERPRETACIÓN:

Jesús vino a destruir las obras del diablo y las esferas celestes desde donde el diablo opera.

> "Porque no tenemos lucha contra sangre y carne, sino contra principados, contra potestades, contra los gobernadores de las tinieblas de este siglo, contra huestes espirituales de maldad en las regiones celestes" **(Efesios 6:12)**.

Estas Regiones celestes de maldad están conformadas por diversos estratos tales como Babilonia, "la ciudad espiritual que reina sobre los reyes de la tierra" **(Apocalipsis 17:18)**, y la falsa Raquia compuesta por la dimensión de estrellas y constelaciones regida por las huestes del mal.

Una vez que Jesucristo se sienta en el trono como Rey de reyes vemos un cambio radical en la operación y conformación de los cielos de Dios. No es lo mismo el cielo con el trono vacío que el cielo con el trono ocupado.

La frase "Y los muertos no están vivos y los vivos no morirán". Se refiere a la condición espiritual de las almas.

> **Juan 5:24**
> "De cierto, de cierto os digo: El que oye mi palabra, y cree al que me envió, tiene vida eterna; y no vendrá a condenación, mas ha pasado de muerte a vida"

> **Juan 11:25**
> Y Jesús también añade: "Le dijo Jesús: Yo soy la resurrección y la vida; el que cree en mí, aunque esté muerto, vivirá"

La siguiente frase: "En los días cuando comíais lo que está muerto, lo transformasteis a la vida" se refiere a asimilar lo que viene del sistema de este mundo, los conceptos de muerte con los que el mundo se alimenta y llevarlos a la verdad de la vida. Transformar las tinieblas con la luz de Cristo en nosotros.

La última parte del dicho tiene que ver la unicidad del Padre en Luz de donde provenimos. Al venir a este mundo de tinieblas nuestra alma y espíritu se separaron, pero al regresar a la Luz debemos unificar nuestra mente y corazón con la verdad de la Luz. De esta manera al ser unificados dentro de nosotros mismos y haciéndonos uno con Jesús podemos ser uno con el Padre y con los demás miembros del cuerpo verdadero de Jesús.

12

ΠΕΧΕ·Μ·ΜΑΘΗΤΗC Ν·ΙC ΧΕ ΤΝ·
Said-the-disciples to- this: we-
·COOYN ΧΕ Κ·ΝΑ·ΒΩΚ` Ν·ΤΟΟΤ·Ν ΝΙΜ` ΠΕ
-know that you(sg)-will-go from-our-hand. Who is-he
ΕΤ·ΝΑ·Ρ·ΝΟ6 Ε·2ΡΑΪ ΕΧΩ·Ν ΠΕΧΕ·ΙC ΝΑ·Υ
who-will-become-great, up over-us? *Said-JS12 to-them
ΧΕ Π·ΜΑ ΝΤΑΤΕΤΝ·ΕΙ Μ·ΜΑΥ ΕΤΕΤΝΑ·
this: the-place you(pl)-have-come there, you(pl)-will-be-
·ΒΩΚ` ϢΑ·ΪΑΚΩΒΟC Π·ΔΙΚΑΙΟC ΠΑΕΙ ΝΤΑ·
-going upto-Jacob the-righteous, the-one has-
·Τ·ΠΕ ΜΝ·Π·ΚΑ2 ·ϢΩΠΕ ΕΤΒΗΤ·Ϥ
-the-sky and-the-earth come-into-being because-of-him.

The disciples said to Jesus, "We know that you will depart from us. Who is to be our leader?" Jesus said to them, "Wherever you are, you are to go to James the righteous, for whose sake heaven and earth came into being."

˙Los discípulos dicen a Jesús: Sabemos que te separarás de nosotros. ¿Quién será líder sobre nosotros?

Jesús les ha dicho: En el lugar donde estéis, iréis a Santiago el Justo, para el bien del cual llegaron a ser el Cielo y la tierra.

INTERPRETACIÓN:

Existen varias fuentes para determinar que Santiago "el Justo", hermano de Jesús fue el primer líder de la Iglesia. La Biblia lo menciona en Hechos 15:13-21, dónde se le ve dando la última palabra ante el concilio de Jerusalén.

Según las fuentes históricas, Clemente, obispo de Alejandría escribe:

"La fuente de la mayoría de referencias en la literatura patrística sobre Santiago es la Historia de la Iglesia, obra de Eusebio de Cesarea escrita en el siglo iv. Es la fuente más antigua existente que califica a Santiago como primer obispo de Jerusalén. En su primera mención, Eusebio se refiere al testimonio paulino de 1 Corintios 15:5-7, diciendo que Jesús «se apareció a Santiago (quien fue unos de los llamados hermanos del Salvador)». La siguiente referencia de Eusebio

(2.1.5) señala que «Santiago, quien fue llamado hermano del Señor, porque fue llamado hijo de José» y «[a] quien los antiguos pusieron como sobrenombre Justo por su extraordinaria virtud» fue «escogido» como obispo de Jerusalén en el tiempo del martirio de Esteban. Inmediatamente después, cita en dos ocasiones a las Hipotiposis de Clemente de Alejandría (siglo ii-III)" [1]

La mención al final de este dicho "por el bien del cual vinieron a ser los cielos y la tierra", en nuestra opinión tiene un sentido más amplio, refiriéndose al amor de Dios por los justos. Dios creó cielos y tierra para tener una familia para Él. Esto obviamente los santos y justos de todas las edades.

---

1   https://profilbaru.com/es/Santiago_el_Justo

13

ⲡⲉⲭⲉ·ⲓ̅ⲥ̅
Said Jesus

Ⲛ̅·ⲛⲉϥ·ⲙⲁⲑⲏⲧⲏⲥ ⲭⲉ ·ⲧ̅ⲛ̅ⲧⲱⲛ·ⲧ̀ Ⲛ̅ⲧⲉⲧ̅Ⲛ̅·
to-his-disciples this: " Compare-me, &-(you(pl))-

·ⲭⲟ·ⲟⲥ ⲛⲁ·ⲉⲓ ⲭⲉ ⲉ·ⲉⲓⲛⲉ Ⲛ̅·ⲛⲓⲙ ⲡⲉⲭⲁ·ϥ ⲛⲁ·ϥ̀
-speak to-me this- I-resemble whom?" > Said-he to-him,

Ⲛ̅ϭⲓ·ⲥⲓⲙⲱⲛ·ⲡⲉⲧⲣⲟⲥ ⲭⲉ ⲉⲕ·ⲉⲓⲛⲉ Ⲛ̅·ⲟⲩ·ⲁⲅ̀
viz-Simon-Peter, this: "You(sg)-resemble an-an-

-ⲅⲉⲗⲟⲥ Ⲛ̅·ⲇⲓⲕⲁⲓⲟⲥ ⲡⲉⲭⲁ·ϥ ⲛⲁ·ϥ Ⲛ̅ϭⲓ·ⲙⲁⲑ̀
-gel righteous." > Said-he to-him, viz-Mat-

-ⲑⲁⲓⲟⲥ ⲭⲉ ⲉⲕ·ⲉⲓⲛⲉ Ⲛ̅·ⲟⲩ·ⲣⲱⲙⲉ Ⲙ̅·ⲫⲓⲗⲟⲥⲟ-
-thew, this: "You(sg)-resemble a-man of-philoso-

-ⲫⲟⲥ Ⲛ̅·ⲣ̅ⲙ̅·Ⲛ̅·ϩⲏⲧ̀ ⲡⲉⲭⲁ·ϥ ⲛⲁ·ϥ Ⲛ̅ϭⲓ·ⲑⲱⲙⲁⲥ
-phy wise." > Said-he to-him, viz-Thomas,

ⲭⲉ ⲡ·ⲥⲁϩ ϩⲟⲗⲱⲥ ⲧⲁ·ⲧⲁⲡⲣⲟ ·ⲛⲁ·ϣⲁⲡ·ϥ̀ ⲁⲛ
this: "Master, wholly my-mouth will-accept() not

ⲉⲧⲣⲁ·ⲭⲟ·ⲟⲥ ⲭⲉ ⲉⲕ·ⲉⲓⲛⲉ Ⲛ̅·ⲛⲓⲙ̀ ⲡⲉⲭⲉ·ⲓ̅ⲏ̅ⲥ̅
that-I-speak that you(sg)-resemble whom." > Said-JES1

ⲭⲉ ⲁⲛⲟ·ⲕ̀ ⲡⲉⲕ·̀·ⲥⲁϩ ⲁⲛ ⲉⲡⲉⲓ ⲁⲕ·ⲥⲱ ⲁⲕ·ϯϩⲉ
this: " I (am) your(sg)\master not; because you-drank, you-got-drunk

ⲉⲃⲟⲗ ϩ̅Ⲛ̅·ⲧ·ⲡⲏⲅⲏ ⲉⲧ·ⲃ̅ⲣ̅ⲃⲣⲉ ⲧⲁⲉⲓ ⲁⲛⲟ·ⲕ̀
out of-the-spring which-bubbles, the-one I

Ⲛ̅ⲧⲁⲉⲓ·ϣⲓⲧ·ⲥ̅ ⲁⲩⲱ ⲁϥ·ⲭⲓⲧ·ϥ̅ ⲁϥ·ⲁⲛⲁⲭⲱⲣⲉⲓ
have()measured-her;" > And he-took-him, he-withdrew,

ⲁϥ·ⲭⲱ ⲛⲁ·ϥ Ⲛ̅·ϣⲟⲙⲧ̀ Ⲛ̅·ϣⲁⲭⲉ Ⲛ̅ⲧⲁⲣⲉ·ⲑⲱ-
he-spoke to-him three words. > When-Tho-

-ⲙⲁⲥ ⲇⲉ ·ⲉⲓ ϣⲁ·ⲛⲉϥ·̀·ϣⲃⲉⲉⲣ̀ ⲁⲩ·ⲭⲛⲟⲩ·ϥ̀ ⲭⲉ
-mas, hwvr, came upto-his\ companions, they-asked-him this:

Ⲛ̅ⲧⲁ·ⲓ̅ⲥ̅ ·ⲭⲟ·ⲟⲥ ⲭⲉ ⲟⲩ ⲛⲁ·ⲕ̀ ⲡⲉⲭⲁ·ϥ̀ ⲛⲁ·ⲩ Ⲛ̅ϭⲓ·
Did-JS14 speak () what to-you(sg)? > Said-he to-them, viz-

·ⲑⲱⲙⲁⲥ ⲭⲉ ⲉⲓ·ϣⲁⲛ·̀·ⲭⲱ ⲛⲏ·ⲧ̅Ⲛ̅ ⲟⲩⲁ ϩ̅Ⲛ̅·Ⲛ̅·ϣⲁ-
-Thomas, this: If-I-should-\-speak to-you(pl) one of-the-wor-

-ⲭⲉ Ⲛ̅ⲧⲁϥ·ⲭⲟ·ⲟⲩ ⲛⲁ·ⲉⲓ ⲧⲉⲧⲛⲁ·ϥⲓ·ⲱⲛⲉ Ⲛ̅ⲧⲉ-
-ds he-has-spoken() to-me, you(pl)-will-take-stones &-

-ⲧ̅Ⲛ̅·ⲛⲟⲩⲭⲉ ⲉⲣⲟ·ⲉⲓ ⲁⲩⲱ Ⲛ̅ⲧⲉ·ⲟⲩ·ⲕⲱϩⲧ̀ ·ⲉⲓ ⲉ-
-() cast (them) at-me, and (will)(a)fire come -

-ⲃⲟⲗ ϩ̅Ⲛ̅·Ⲛ̅·ⲱⲛⲉ Ⲛ̅ⲥ·ⲣⲱⲕ̀ Ⲙ̅·ⲙⲱ·ⲧ̅Ⲛ̅ ⲡⲉⲭⲉ·
-out of-the-stones, &(she-will)-burn you(pl). *Said-

Jesus said to his disciples, "Compare me to someone and tell me whom I am like." Simon Peter said to him, "You are like a righteous angel." Matthew said to him, "You are like a wise philosopher."

Thomas said to him, "Master, my mouth is wholly incapable of saying whom you are like." Jesus said, "I am not your (sg.) master. Because you (sg.) have drunk, you (sg.) have become intoxicated from the bubbling spring which I have caused to gush forth."

And he took him and withdrew and told him three things. When Thomas returned to his companions, they asked him, "What did Jesus say to you?" Thomas said to them, "If I tell you one of the things which he told me, you will pick up stones and throw them at me; a fire will come out of the stones and burn you up."

Jesús ha dicho a sus discípulos: Comparadme con alguien y decidme a quién me asemejo.

Simón Pedro le dice: Te asemejas a un ángel justo.

Mateo le dice: Te asemejas a un filósofo del corazón.

Tomás le dice: Maestro, mi boca es totalmente incapaz de decir a quien te asemejas.

Jesús dice: No soy tu maestro, ya que has bebido, te has embriagado del manantial burbujeante que he hecho brotar. Y le lleva consigo, se retira, le dice tres palabras: áhyh ashr áhyh (Soy Quien Soy).

Ya, cuando viene Tomás a sus compañeros, le preguntan: ¿Qué te dijo Jesús?

Tomás les dice: Si os dijera siquiera una de las palabras que me dijo, cogeríais piedras para lapidarme y fuego saldría de las piedras para quemaros.

(Algunas traducciones omiten estas tres palabras y solo   dicen: Le dice tres cosas o le dice tres palabras.)

INTERPRETACIÓN:

Juan 15:15
En los evangelios sinópticos, varias interpretaciones erróneas de quién era Jesús preceden a la correcta. Jesús es visto como Juan el Bautista, Elías, Jeremías, o algún otro profeta resucitado. Así, en Tomás, Simón Pedro compara erróneamente a Jesús con un ángel (una creencia muy extendida en los primeros

judío-cristianos). Mateo lo compara erróneamente con un sabio filósofo. Tomás dice con razón, que comparar a Jesús con alguien es imposible, sin embargo, se dirige a él como "Maestro". Jesús lo reprende por el título que usa, debido a que ya no los considera siervos o discípulos sino amigos, porque les ha dado a conocer todo lo que oyó de su Padre .

Juan 4:14; y 7:37-38

La idea expresada en Tomás es bastante similar a la que se encuentra en Juan. Jesús no es el amo de Tomás porque él ha bebido del manantial burbujeante que Jesús ha repartido. Este pensamiento también lo expresa Juan: "El agua que yo le daré se convertirá en él en una fuente de agua que salte a la vida eterna"

Jesús, considerando a Tomás su amigo le va a revelar algo que los demás en ese momento no podrían digerir:

a. Posiblemente su naturaleza divina. "Soy el que Soy".

b. O, que sería quitado de en medio de ellos

c. O, que lo iban a matar.

Cosas que más adelante en los evangelios les causarían gran confusión y dolor a los discípulos.

14

ΠΕΧΕ·ΙC
Said Jesus

ΝΑ·Υ ΧΕ ΕΤΕΤΝ·ϢΑΝ·Ρ·ΝΗCΤΕΥΕ ΤΕΤΝΑ·
to-them this: If-you(pl)-should-fast, you(pl)-will-

·ΧΠΟ ΝΗ·ΤΝ Ν·ΝΟΥ·ΝΟΒΕ ΑΥϢ ΕΤΕΤΝ·ϢΑ ·
-beget to-you(rselves) a-sin, > and if-you(pl)-should-

·ϢΛΗΛ` CΕ·ΝΑ·Ρ·ΚΑΤΑΚΡΙΝΕ Μ·ΜϢ·ΤΝ ΑΥϢ
-pray, they-will-condemn you(pl), > and

ΕΤΕΤΝ·ϢΑΝ·Τ·ΕΛΕΗΜΟCΥΝΗ ΕΤΕΤΝΑ·ΕΙ
if-you(pl)-should-give-alms, you(pl)-will-be-do-

-ΡΕ Ν·ΟΥ·ΚΑΚΟΝ Ν·ΝΕΤΜ·ΠΝΑ ΑΥϢ ΕΤΕΤΝ·
-ing an-evil to-your(pl)-spirits, > and if-you(pl)-

·ϢΑΝ·ΒϢΚ` ΕϨΟΥΝ Ε·ΚΑϨ ·ΝΙΜ ΑΥϢ ΝΤΕΤΜ·
-should-go in to-land -any, and ()you(pl)-

·ΜΟΟϢΕ ϨΝ·Ν·ΧϢΡΑ ΕΥ·ϢΑ·Ρ·ΠΑΡΑΔΕΧΕ
-walk in-the-districts, if-they-should-receive

Μ·ΜϢ·ΤΝ ΠΕΤ·ΟΥ·ΝΑ·ΚΑΑ·Ϥ ϨΑΡϢ·ΤΝ ·ΟΥΟΜ·Ϥ
you(pl), what-they-will-put-him under-you(pl), eat-it(m);

ΝΕΤ·ϢϢΝΕ Ν·ϨΗΤ·ΟΥ ΕΡΙ·ΘΕΡΑΠΕΥΕ Μ·ΜΟ·
those-who-are-sick among-them, heal th-

·ΟΥ ΠΕΤ·ΝΑ·ΒϢΚ ΓΑΡ` ΕϨΟΥΝ ϨΝ·ΤΕΤΝ·ΤΑ-
-em, > (for) what-will-go, (---), in ()your(pl)-mo-

-ΠΡΟ Ϥ·ΝΑ·ΧϢϨΜ·ΤΗΥΤΝ ΑΝ` ΑΛΛΑ ΠΕΤ·Ν·
-uth, it(m)-will-defile-yourselves not. Rather, what(m)-

-ΝΗΥ ΕΒΟΛ` ϨΝ·ΤΕΤΝ·ΤΑΠΡΟ Ν·ΤΟ·Ϥ ΠΕ-
-comes out of-your(pl)-mouth, it(m) (is) what-

-Τ·ΝΑ·ΧΑϨΜ·ΤΗΥΤΝ
-will-defile-yourselves.

Jesus said to them, "If you fast, you will give rise to sin for yourselves; and if you pray, you will be condemned; and if you give alms, you will do harm to your spirits. When you go into any land

and walk about in the districts, if they receive you, eat what they will set before you, and heal the sick among them. For what goes into your mouth will not defile you, but that which issues from your mouth—it is that which will defile you."

Jesús les ha dicho: Si ayunáis, causaréis transgresión a vosotros mismos. Y si oráis, seréis condenados. Y si dais limosna, haréis daño a vuestros espíritus. Y cuando entréis en cualquier territorio para andar por las regiones, si os reciben comed lo que os ponen frente a vosotros y curad a los enfermos entre ellos. Pues lo que entra en vuestra boca no os profanará, sino lo que sale de vuestra boca eso es lo que os profanará.

INTERPRETACIÓN:

Los fariseos habían hecho del ayuno, la oración y el dar ofrendas una forma ritualista para ser vistos de los hombres (**Mateo 6**). Jesús les está indicando que no es lo externo lo que Dios mira sino lo interno.

La segunda parte de este dicho es también análoga a los evangelios en la que Jesús insiste que no es lo externo tampoco lo contamina sino lo que sale del corazón del hombre (**Mateo 15:11**).

15

ⲡⲉⲝⲉ·ⲓ̅ⲥ̅ ⲝⲉ ϩⲟⲧⲁⲛ
Said Jesus this: When

ⲉⲧⲉⲧⲛ̅·ϣⲁⲛ·ⲛⲁⲩ ⲉ·ⲡⲉⲧⲉ·ⲙ̅ⲡⲟⲩ·ⲭⲡⲟ·ϥ`
you(pl)-should-look upon-he-who-did-not-they-beget()

ⲉⲃⲟⲗ ϩⲛ̅·ⲧ·ⲥϩⲓⲙⲉ ·ⲡⲉϩⲧ·`·ⲧⲏⲩⲧⲛ̅ ⲉⲝⲙ̅·
out of-the-woman, prostrate\yourselves onto-

·ⲡⲉⲧⲛ̅·ϩⲟ ⲛ̅ⲧⲉⲧⲛ̅·ⲟⲩⲱϣⲧ ⲛⲁ·ϥ` ⲡⲉⲧ·ⲙ̅·
-your(pl)-face &()worship ()him - he-who-is-

·ⲙⲁⲩ ⲡⲉ ⲡⲉⲧⲛ̅·ⲉⲓⲱⲧ`
-there is your(pl)-father.

Jesus said, "When you see one who was not born of woman, prostrate yourselves on your faces and worship him. That one is your father."

Jesús ha dicho: Cuando veáis a quien no nació de mujer, tendeos sobre vuestros rostros y adoradle, él es vuestro Padre.

INTERPRETACIÓN:

El versículo se explica por sí mismo. Solo el verdadero Padre no ha sido creado, sino que es el autor de todas las cosas.

16

ПЕХЕ·ІС	ХЕ	ТАХА
Said Jesus	this:	Perhaps

ЄΥ·МЄЄΥЄ	Ñ6І·Р̄·РѠМЄ	ХЄ	Ñ̄ТАЄІ·ЄІ	Є·NOΥ-
they-are-thinking,	viz-men,	that	I-have-come	to-ca-

-ХЄ	Ñ̄·OΥ·ЄІРНNН	ЄХ̄М·П·КОСМОС	АΥѠ
-st	(a)peace	onto-the-world,	> and

СЄ·СООΥN	АN	ХЄ	Ñ̄ТАЄІ·ЄІ	А·NOΥХЄ	Ñ̄·2Ñ̄·
they-know	not	that	I-have-come	to-cast	some-

·ПѠРХ̀	ЄХ̄Ñ·П·КА2	OΥ·КѠ2Т	OΥ·СНЧЄ̀
-divisions	upon-the-earth -	(a)fire,	(a)sword,

OΥ·ПОλЄМОС	OΥÑ·†OΥ	ГАР	·NA·ѠѠ[ПЄ]
(a)war,	> (for) (there-are)five,	(---),	will-come-to-be

2Ñ·OΥ·НЄІ	OΥÑ·ѠОМТ	·NA·ѠѠПЄ	ЄХ̄Ñ·
in-a-house;	(there-are)three	will-come-to-be	against-

·СNAΥ	АΥѠ	СNAΥ	ЄХ̄Ñ·ѠОМТ̀	П·ЄІѠТ̀
-two,	and	two	against-three;	the-father

ЄХ̄М·П·ѠНРЄ	АΥѠ	П·ѠНРЄ	ЄХ̄Ñ·П·ЄІѠТ̀
against-the-son,	and	the-son	against-the-father;

АΥѠ̀	СЄ·NA·Ѡ2Є	Є·РАТ·OΥ	ЄΥ·О	М̄·МОNA-
and	they-will-stand	to-their-feet,	they-being	single-

-ХОС	ПЄХЄ·ІС	ХЄ	†·NA·†	NН·ТÑ̄	М̄·ПЄТЄ·
-ones.					

Jesus said, "Men think, perhaps, that it is peace which I have come to cast upon the world. They do not know that it is dissension which I have come to cast

upon the earth: fire, sword, and war. For there will be five in a house: three will be against two, and two against three, the father against the son, and the son against the father. And they will stand solitary."

Jesús ha dicho: Quizás la gente piense que he venido para traer (lanzar) paz sobre la

tierra, y no saben que he venido para lanzar conflictos sobre la tierra, a fuego, espada y guerra. Pues habrá cinco en una casa, estarán tres contra dos y dos contra tres, el padre contra el hijo y el hijo contra el padre. Y estarán de pie solitarios.

INTERPRETACIÓN:

Este verso es análogo a

Mateo 10:34-36

"No crean que he venido a traer paz a la tierra. No vine a traer paz, sino espada. Porque he venido a poner en conflicto al hombre contra su padre, a la hija contra su madre, a la nuera contra su suegra; los enemigos de cada cual serán los de su propia familia."

Añade la idea que algunos incluso quedarían como hijos solitarios, ya que todos a su alrededor les harían frente a sus creencias.

17

ΠΕΧΕ·ΙC	ΧΕ	†·ΝΑ·†	ΝΗ·ΤΝ	Μ·ΠΕΤΕ·
Said Jesus	this:	I-will-give	to-you(pl)	that-which-

ΠΕ·ΒΑλ	·ΝΑΥ	ΕΡΟ·q	ΑΥⲱ	ΠΕΤΕ·ΜΠΕ·ΜΑ-
-did-not-eye	look	upon-him,	and	he-who-did-not-e-

-ΑΧΕ	·CΟΤΜ·Εq	ΑΥⲱ	ΠΕΤΕ·ΜΠΕ·ϬΙΧ	·ϬΜ-
-ar	hear-him,	and	he-who-did-not-hand	tou-

-ϬⲱΜ·q	ΑΥⲱ	ΜΠΕq·\·ΕΙ	Ε·ϨΡΑΪ	ϨΙ·ФΗΤ
-ch-him,	and	did-not-he\come	up	on-the-mind

Ρ·ΡⲱΜΕ
of-man.

Jesus said, "I shall give you what no eye has seen and what no ear has heard and what no hand has touched and what has never occurred to the human mind."

Jesús ha dicho: Yo os daré lo que ningún ojo ha visto y ningún oído ha escuchado y ninguna mano ha tocado y que no ha surgido en la mente humana.

INTERPRETACIÓN:

Este versículo es análogo a 1 Corintios 2:9

"Antes bien, como está escrito: Cosas que ojo no vio, ni oído oyó, Ni han subido en corazón de hombre, Son las que Dios ha preparado para los que le aman."

18

ⲡⲉⲭⲉ·ⲙ̄·ⲙⲁⲑⲏⲧⲏⲥ   ⲛ̄·ⲓ̄ⲥ̄   ⲭⲉ   ·ⲭⲟ·
Said-the-disciples   to-   this: Spe-

·ⲟⲥ   ⲉⲣⲟ·ⲛ   ⲭⲉ   ⲧⲛ̄·ϩⲁⲏ   ⲉⲥ·ⲛⲁ·ϣⲱⲡⲉ   ⲛ̄·
-ak   to-us   this-   our-end,   she-will-come-to-be   in-

·ⲁϣ   ⲛ̄·ϩⲉ   ⲡⲉⲭⲉ·ⲓ̄ⲥ̄   <>   ⲁⲧⲉⲧⲛ̄·ϭⲱⲗⲡ̄   ⲅⲁⲣ   ⲉⲃⲟⲗ
-which   way?   *Said-JS20   (this) Have-you(pl)-revealed, (--),   forth

ⲛ̄·ⲧ·ⲁⲣⲭⲏ   ⲭⲉⲕⲁⲁⲥ   ⲉⲧⲉⲧⲛⲁ·ϣⲓⲛⲉ   ⲛ̄ⲥⲁ·
the-beginning,   sothat   you(pl)-will-be-seeking   after-

·ⲑⲁ ϩ ⲏ   ⲭⲉ   ϩ ⲙ̄·ⲡ·ⲙⲁ   ⲉⲧⲉ   ⲧ·ⲁⲣⲭⲏ   ⲙ̄·ⲙⲁⲩ   ⲉ·
-the-end?   for   in-the-place   which the-beginning (is) there,   -

·ⲑⲁ ϩ ⲏ   ·ⲛⲁ·ϣⲱⲡⲉ   ⲙ̄·ⲙⲁⲩ   ⲟⲩ·ⲙⲁⲕⲁⲣⲓⲟⲥ
-the-end   will-come-to-be   there;   >   a-blessed-one,

ⲡⲉⲧ·ⲛⲁ·ⲱϩⲉ   ⲉ·ⲣⲁⲧ·ϥ̄   ϩ ⲛ̄·ⲧ·ⲁⲣⲭⲏ   ⲁⲩⲱ
he-who-will-stand   to-his-feet   in-the-beginning,   and

ϥ·ⲛⲁ·ⲥⲟⲩⲱⲛ·ⲑ ϩ ⲁⲏ   ⲁⲩⲱ   ϥ·ⲛⲁ·ⲭⲓ·ϯⲡⲉ
he-will-know-the-end,   and   he-will-take-taste

ⲁⲛ   ⲙ̄·ⲙⲟⲩ
not   of-death.

The disciples said to Jesus. "Tell us how our end will be." Jesus said, "Have you discovered, then, the beginning, thatyou look for the end? For where the beginning is, there will be the end. Blessed is he who will take his place in the beginning; he will know the end and will not experience death."

Los discípulos dicen a Jesús: Dinos cómo será nuestro fin.

Jesús ha dicho: ¿Habéis ya descubierto el origen, que ahora preguntáis referente al fin? Pues en el lugar donde está el origen, allí estará el fin. Bendito sea quien estará de pie en el origen y conocerá el fin y no saboreará la muerte.

Jesús es el Alfa y la Omega, el principio y fin de todas las cosas creadas.

De Él salimos y a Él volvemos cuando creyendo en Él volvemos a la eternidad de donde procedemos.

En cuanto a la eternidad se refiere, la tierra no puede definir ni el principio ni el fin, porque nada se originó en el mundo material, ni tampoco puede determinar el fin de las cosas.

19

ΠΕΧΕ·ΙC ΧΕ ΟΥ·ΜΑΚΑΡΙΟC
Said Jesus this: A-blessed-one

ΠΕ ΝΤΑϨ·ϢΩΠΕ ϨΑ·Τ·ΕϨΗ ΕΜΠΑΤΕϤ·ϢΩ-
is-he who-came-into-being from-the-beginning, before-he-came-to-

-ΠΕ ΕΤΕΤΝ·ϢΑΝ·ϢΩΠΕ ΝΑ·ΕΙ Μ·ΜΑΘΗ-
-be. > If-you(pl)-should-come-to-be to-me disci-

-ΤΗC ΝΤΕΤΝ·ϹΩΤΜ Α·ΝΑ·ϢΑΧΕ ΝΕΕΙ·Ϣ-
-ples, &-you(pl)-listen to-my-words, these-sto-

-ΝΕ ·ΝΑ·Ρ·ΔΙΑΚΟΝΕΙ ΝΗ·ΤΝ ΟΥΝ·ΤΗ·ΤΝ
-nes will-become-servants to-you(pl), > (for) have-you(pl),

ΓΑΡ` Μ·ΜΑΥ Ν·ΤΟΥ Ν·ϢΗΝ ϨΜ·ΠΑΡΑ`
(---), there five trees in-para-\

-ΔΙϹΟϹ Ε·ϹΕ·ΚΙΜ ΑΝ Ν·ϢΩΜ` Μ·ΠΡΩ
-dise which()move not summer (and?) winter,

ΑΥΩ ΜΑΡΕ·ΝΟΥ·ϬΩΒΕ ·ϨΕ ΕΒΟΛ ΠΕΤ·`
and do-not-their-leaves fall down. > He-who-\

·ΝΑ·ϹΟΥΩΝ·ΟΥ Ϥ·ΝΑ·ΧΙ·ΤΠΕ ΑΝ` Μ·ΜΟΥ
-will-know-them, he-will-take-taste not of-death.

Jesus said, "Blessed is he who came into being before he came into being. If you become my disciples and listen to my words, these stones will minister to you. For there are five trees for you in Paradise which remain undisturbed summer and winter and whose leaves do not fall. Whoever becomes acquainted with them will not experience death."

Jesús ha dicho: Bendito sea quien existía antes de que entrara en el ser. Si os hacéis mis discípulos y atendéis mis dichos, estas piedras os servirán. Pues tenéis cinco árboles en el paraíso, los cuales no se mueven en el verano ni caen sus hojas en el invierno quien los conoce no saboreará la muerte.

INTERPRETACIÓN:

La primera parte del verso es análoga a la bendición que tenemos desde nuestra preexistencia en Dios, como lo menciona Pablo en la epístola a los Efesios.

Efesios 1:3-4
"Bendito sea el Dios y Padre de nuestro Señor Jesucristo, que nos bendijo con toda bendición espiritual en los lugares celestiales en Cristo, 4 según nos escogió en él antes de la fundación del mundo, para que fuésemos santos y sin mancha delante de él."

Los árboles se refieren a Cristo mismo, el árbol de la vida, quién es el dador de vida eterna. En el Apocalipsis, el árbol aparece en una forma múltiple ya que está a uno y a otro lado del río.

> **Apocalipsis 22:2**
> "En medio de la calle de la ciudad, y a uno y otro lado del río, estaba el árbol de la vida, que produce doce frutos, dando cada mes su fruto; y las hojas del árbol eran para la sanidad de las naciones".

En esta pluralidad podemos ver el número cinco como el número que simboliza la naturaleza de Cristo el cual extiende su gracia y su manifestación por medio de cinco ministerios.

Los árboles mencionados por Jesús no mudan sus hojas. Lo cual nos habla de la inmutabilidad y fidelidad de Dios para con el hombre. Conocerlo a Él, nos conduce a la vida eterna.

El número cinco lo vemos también en el Tabernáculo de Moisés en el desierto el cual representaba a Dios habitando entre su pueblo en una tienda de pieles. Todo en el Tabernáculo prefiguraba a Cristo venido en carne.

Este debería tener cinco columnas a la entrada del Lugar Santo, las cuales representan a Cristo mismo, la única entrada al Reino de Dios y al Paraíso.

A la Iglesia de Filadelfia en el Apocalipsis, Dios les concede ser estas columnas.

> **Apocalipsis 3:12**
> "Al que venciere, yo lo haré columna en el templo de mi Dios, y nunca más saldrá de allí; y escribiré sobre él el nombre de mi Dios, y el nombre de la ciudad de mi Dios, la nueva Jerusalén, la cual desciende del cielo, de mi Dios, y mi nombre nuevo".

En el evangelio apócrifo de Felipe, hay párrafos inconsistentes con la Biblia (que no aprobamos), pero hay otros que son extraordinarios. Uno de estos es el verso 68 el cual nos da luz a este difícil pasaje de Tomás.

> "El Señor [realizó] todo en un misterio: un bautismo, una unción, una Comunión (Santa Cena), una redención (por el sacrificio de la cruz) y una cámara nupcial (la unión del Espíritu de Dios y el espíritu del hombre. 1 Corintios 6:17)" **(Evangelio de Felipe 68).**

Estas cinco partes de la obra de Cristo en el creyente, son cinco columnas o árboles que deben ser comidos en sentido espiritual. Esto es meditando en ellos hasta que se hagan carne en nosotros como verdadero alimento.

El entendimiento pleno de estos nos lleva a que la vida eterna se establezca en nosotros.

20

ΠⲈⲬⲈ·Ⲙ·ⲘⲀⲐⲎⲦⲎⲤ		ⲬⲈ	·ⲬⲞ·ⲞⲤ
Said-the-disciples		this:	Speak
ⲈⲢⲞ·Ⲛ	ⲬⲈ	Ⲧ·ⲘⲚⲦⲈⲢⲞ·Ⲛ·Ⲙ·ⲠⲎⲨⲈ	ⲈⲤ·
to-us	this-	the-kingdom-of(the)heaven(s),	she-
·ⲦⲚⲦⲰⲚ	Ⲉ·ⲚⲒⲘ	ⲠⲈⲬⲀ·Ϥ	ⲚⲀ·Ⲩ	ⲬⲈ	ⲈⲤ·ⲦⲚ-
-compares	to-whom? >	Said-he	to-them	this:	she-com-
-ⲦⲰⲚ	Ⲁ·Ⲩ·ⲂⲀⲂⲒⲀⲈ	Ⲛ·ϢⲀⲦⲀⲘ	ⲤⲞⲂⲔ	ⲠⲀ-
-pares	to-a-grain	of-mustard >	small,	more-
-ⲢⲀ·Ⲛ·ϬⲢⲞϬ	ⲦⲎⲢ·ⲞⲨ	ϨⲞⲦⲀⲚ	ⲆⲈ	ⲈⲤ·ϢⲀ ̄·
-than-the-seeds,	allofthem;	> when,	hwvr,	she-should-
·ϨⲈ	ⲈⲬⲘ·Π·ⲔⲀϨ	ⲈⲦ·ⲞⲨ·Ⲣ·ϨⲰⲂ	ⲈⲢⲞ·Ϥ	ϢⲀϤ·
-fall	onto-the-earth	which-they-did-work	on-him,	does-he-
·ⲦⲈⲨⲞ	ⲈⲂⲞⲀ	Ⲛ·ⲚⲞⲨ·ⲚⲞϬ	Ⲛ·ⲦⲀⲢ	Ⲛϥ·Ϣⲱ-
-send	out	a-great	branch	&()-comes-to-
-ⲠⲈ	Ⲛ·ⲤⲔⲈⲠⲎ	Ⲛ·ϨⲀⲀⲀⲦⲈ	Ⲛ·Ⲧ·ⲠⲈ	
-be	shelter	(for) the-birds	of-the-sky.	

The disciples said to Jesus, "Tell us what the kingdom of heaven is like." He said to them, "It is like a mustard seed. It is the smallest of all seeds. But when it falls on tilled soil, it produces a great plant and becomes a shelter for birds of the sky."

Los discípulos dicen a Jesús: Dinos a qué se asemeja El Reino de los Cielos.

El les ha dicho: Se asemeja a una semilla de mostaza, la más pequeña de todas las semillas, no obstante, cuando cae en la tierra fértil, produce una planta grande y se hace albergue para los pájaros del Cielo.

INTERPRETACIÓN:

Paralelo a

Mateo 13:31-32

"Otra parábola les refirió, diciendo: El reino de los cielos es semejante al grano de mostaza, que un hombre tomó y sembró en su campo; el cual a la verdad es la más pequeña de todas las semillas; pero cuando ha crecido, es la mayor de las hortalizas, y se hace árbol, de tal manera que vienen las aves del cielo y hacen nidos en sus ramas."

21

-ⲭⲉ·ⲙⲁⲣⲓϩⲁⲙ   ⲛ̅·ⲓ̅ⲥ̅   ⲭⲉ   ⲉ·ⲛⲉⲕ·ⲙⲁⲑⲏ-
-id-Mariam   to-Jesus   this: Do-your(sg)-disci-

-ⲧⲏⲥ ·ⲉⲓⲛⲉ   ⲛ̅·ⲛⲓⲙ`    ⲡⲉⲭⲁ·ϥ`   ⲭⲉ   ⲉⲩ·ⲉⲓⲛⲉ
-ples resemble   whom?   > Said-he   this: They-resemble

ⲛ̅·ϩⲛ̅·ϣⲏⲣⲉ·ϣⲏⲙ`    ⲉⲩ·[ϭ]ⲉⲗⲓⲧ`   ⲁ·ⲩ·ⲥⲱϣⲉ   ⲉ·ⲧⲱ·
()-small-children   ()dwelling   in-a-field   which-th-

·ⲟⲩ ⲁⲛ ⲧⲉ   ϩⲟⲧⲁⲛ   ⲉⲩ·ϣⲁ·ⲉⲓ   ⲛ̅ϭⲓ·ⲛ̅·ⲭⲟⲉⲓⲥ
-eirs not is.   > When   they-should-come,   viz-the-Lords

ⲛ̅·ⲧ·ⲥⲱϣⲉ   ⲥⲉ·ⲛⲁ·ⲭⲟ·ⲟⲥ   ⲭⲉ   ·ⲕⲉ·ⲧⲛ̅·ⲥⲱϣⲉ
of-the-field,   they-will-speak   this-   "Give-our-field

ⲉⲃⲟⲗ ⲛⲁ·ⲛ   ⲛ̅·ⲧⲟ·ⲟⲩ ⲥⲉ·ⲕⲁⲕ   ⲁ·ϩⲏⲩ   ⲙ̅·ⲡⲟⲩ·ⲙ̅-
back to-us."   > They,   ()-strip   naked   in-their-pres-

-ⲧⲟ ⲉⲃⲟⲗ ⲉⲧⲣⲟⲩ·ⲕⲁⲁ·ⲥ   ⲉⲃⲟⲗ ⲛⲁ·ⲩ   ⲛ̅ⲥⲉ·ϯ·ⲧⲟⲩ·
-ence ( ) that-they-give-her   back to-them &-they-give-their-

·ⲥⲱϣⲉ ⲛⲁ·ⲩ   ⲇⲓⲁ·ⲧⲟⲩⲧⲟ   ϯ·ⲭⲱ   ⲙ̅·ⲙⲟ·ⲥ ⲭⲉ ⲉϥ·`
-field to-them.   > Therefore,   I-speak   of-it   thus: If-he\

·ϣⲁ·ⲉⲓⲙⲉ   ⲛ̅ϭⲓ·ⲡ·ⲭⲉⲥ·ϩⲛ̅·ⲏⲉⲓ   ⲭⲉ ϥ·ⲛⲏⲩ   ⲛ̅ϭⲓ·
-should-realize, viz-the-Lord-of-the-house, that   he-is-coming,   viz-

·ⲡ·ⲣⲉϥ·ⲭⲓⲟⲩⲉ ϥ·ⲛⲁ·ⲣⲟⲉⲓⲥ   ⲉⲙⲡⲁⲧⲉϥ·`·ⲉⲓ   ⲛ̅ϥ·ⲧⲙ̅·
-the-robber,   he-will-keep-watch   before-he-\-come &()-not-

·ⲕⲁⲁ·ϥ`    ⲉ·ϣⲱⲭⲧ`   ⲉϩⲟⲩⲛ ⲉ·ⲡⲉϥ·ⲏⲉⲓ   ⲛ̅ⲧⲉ·ⲧⲉϥ·`
-permit-him   to-tunnel   in   to-his-house   of-his\

·ⲙⲛ̅ⲧⲉⲣⲟ   ⲉⲧⲣⲉϥ·ϥⲓ   ⲛ̅·ⲛⲉϥ·`·ⲥⲕⲉⲩⲟⲥ   ⲛ̅·ⲧⲱ·ⲧⲛ̅
-kingdom   that-he-take   his- \ -goods.   > You(pl),

ⲇⲉ ·ⲣⲟⲉⲓⲥ   ϩⲁ·ⲧ·ⲉϩⲏ   ⲙ̅·ⲡ·ⲕⲟⲥⲙⲟⲥ ·ⲙⲟⲩⲣ` ⲙ̅·
hwvr, keep-watch   from-the-beginning   of-the-world;   > bind   -

·ⲙⲱ·ⲧⲛ̅   ⲉⲭⲛ̅·ⲛⲉⲧⲛ̅·ϯⲡⲉ   ϩⲛ̅·ⲛⲟⲩ·ⲛⲟϭ   ⲛ̅·ⲇⲩ-
-you(pl)   onto-your(pl)-loins   in-a-great   pow-

-ⲛⲁⲙⲓⲥ ϣⲓⲛⲁ ⲭⲉ   ⲛⲉ·ⲛ·ⲗⲏⲥⲧⲏⲥ ·ϩⲉ   ⲉ·ϩⲓⲏ   ⲉ·ⲉⲓ
-er,   so that   not-the-thieves   fall on(a)road to-come

ϣⲁⲣⲱ·ⲧⲛ̅   ⲉⲡⲉⲓ   ⲧⲉ·ⲭⲣⲉⲓⲁ   ⲉⲧⲉⲧⲛ̅·ϭⲱϣⲧ`
upto-you(pl),   because   the-help   which-you(pl)-look

ⲉⲃⲟⲗ ϩⲏⲧ·ⲥ̅ ⲥⲉ·ⲛⲁ·ϩⲉ   ⲉⲣⲟ·ⲥ   ⲙⲁⲣⲉϥ·ϣⲱⲡⲉ
outward for-her, they-will-fall   upon-her.   > Let-him-come-to-be

ϩⲛ̅·ⲧⲉⲧⲛ̅·ⲙⲏⲧⲉ   ⲛ̅ϭⲓ·ⲟⲩ·ⲣⲱⲙⲉ   ⲛ̅·ⲉⲡⲓⲥⲧⲏ-
in-your(pl)-midst,   viz-a-man   (of)understand-

-ⲙⲱⲛ   ⲛ̅ⲧⲁⲣⲉ·ⲡ·ⲕⲁⲣⲡⲟⲥ ·ⲡⲱϩ   ⲁϥ·ⲉⲓ ϩⲛ̅·ⲛⲟⲩ·
-ing.   > When-the-fruit   split(open),   he-came   in-a-

·ϭⲉⲡⲏ ⲉ·ⲡⲉϥ·ⲁⲥϩ   ϩⲛ̅·ⲧⲉϥ·ϭⲓⲭ   ⲁϥ·ϩⲁⲥ·ϥ   ⲡⲉ-
-hurry,   his-sickle   in-his-hand;   he-reaped-him.   > He-

-ⲧⲉ·ⲟⲩⲛ̅·ⲙⲁⲁⲭⲉ   ⲙ̅·ⲙⲟ·ϥ`   ⲉ·ⲥⲱⲧⲙ̅   ⲙⲁⲣⲉϥ·ⲥⲱⲧⲙ̅
-who-has-ear   of-him   to-listen,   let-him-listen.

*Mary said to Jesus, "Who are your disciples like?"
He said, "They are like children who have settled
in a field which is not theirs. When the owners of
the field come, they will say, 'Let us have back our
field.' They (will) undress in their presence to let
them have back their field and give it back to them.
Therefore, I say if the owner of a house knows that
the thief is coming, he will begin his vigil before
he comes and will not let him dig through into the
house of his domain to carry away his goods. You
(pl.), then, be on your guard against the world. Arm
yourselves with great strength lest the robbers
find a way to come to you, for the difficulty which
you expect will (surely) materialize. Let there be
among you a man of understanding. When the
grain ripened, he came quickly with his sickle in
his hand and reaped it. Whoever has ears to hear,
let him hear."*

Mariam ha dicho a Jesús: ¿A quiénes se asemejan tus discípulos?

El ha dicho: Se asemejan a niños que residen en un campo que no es suyo. Cuando vengan los dueños del campo, dirán: ¡Devolvednos nuestro campo! Se quitan su ropa frente a ellos para cedérselo y para devolverles su campo. Por eso yo digo, si el dueño de la casa se entera de que viene el ladrón, estará sobre aviso antes de que llegue y no le permitirá penetrar en la casa de su dominio para quitarle

sus pertenencias. En cuanto a vosotros, cuidaos del sistema[2], ceñid vuestros lomos con gran fortaleza para que no encuentren los bandidos una manera de alcanzaros, pues la dificultad que anticipasteis, esta ciertamente se materializará

¡Que haya entre vosotros una persona con entendimiento!

Cuando maduró el grano, vino rápido con su hoz en la mano, la recogió. Quien tiene oídos para oír, ¡que oiga!

INTERPRETACIÓN:

Mateo 24:43

La primera parte de este verso es semejante a la parábola de la viña en la cual los obreros trabajan para una viña que no es de ellos. A continuación, Jesús refiere lo dicho en el Evangelio de Mateo: "Pero sabed esto, que si el padre de familia supiera a cuál hora el ladrón había de venir, velaría, y no dejaría minar su casa".

---

2   Este evangelio utiliza una y otra vez el término sistema. Esto ayuda a entender la palabra mundo que aparece en otros libros del canon. Sistema y mundo son el conglomerado de creencias tanto colectivas como individuales. Son la fuente de la mentalidad rectora de naciones, sociedades y creencias particulares.

Después cita el libro de Job 3:25 "Porque el temor que me espantaba me ha venido, y me ha acontecido lo que temía."

Jesús hace una advertencia en contra del sistema de este mundo como la forma que el enemigo usa para robar y destruir. Termina hablando del Reino de Dios del cual Él mismo recoge y guarda lo que es suyo.

22

ⲡⲉⲭⲁ·ϥ ⲛ̄·
Said-he to-

·ⲛⲉϥ·ⲙⲁⲑⲏⲧⲏⲥ   ⲭⲉ   ⲛⲉⲉⲓ·ⲕⲟⲩⲉⲓ   ⲉⲧ·ⲭⲓ·ⲉⲣⲱ-
-his-disciples ___ this: These-little-ones   who-take-mil-

-ⲧⲉ   ⲉⲩ·ⲧⲛ̄ⲧⲱⲛ   ⲁ·ⲛⲉⲧ·ⲃⲏⲕ`   ⲉⲅⲟⲩⲛ   ⲁ·ⲧ·ⲙⲛ̄-
-k,   they-compare   to-those-who-go   in   to-the-king-

-ⲧⲉⲣⲟ   ⲡⲉⲭⲁ·ⲩ   ⲛⲁ·ϥ`   ⲭⲉ   ⲉⲉⲓⲉ   ⲛ·ⲟ   ⲛ̄·ⲕⲟⲩⲉⲓ   ⲧⲛ̄·
-dom.   > Said-they to-him   this: then,   ()being   little-ones,   we-

·ⲛⲁ·ⲃⲱⲕ`   ⲉⲅⲟⲩⲛ   ⲉ·ⲧ·ⲙⲛ̄ⲧⲉⲣⲟ   ⲡⲉⲭⲉ·ⲓ̅ⲏ̅ⲥ̅   ⲛⲁ·ⲩ
-will-go   in   to-the-kingdom?   > Said-JES2   to-them

ⲭⲉ   ⲅⲟⲧⲁⲛ   ⲉⲧⲉⲧⲛ̄·ϣⲁ·ⲣ̄·ⲡ·ⲥⲛⲁⲩ   ⲟⲩⲁ   ⲁⲩⲱ   ⲉ-
this: when   you(pl)-should-make-the-two   one,   and   if-

-ⲧⲉⲧⲛ̄·ϣⲁ·ⲣ̄·ⲡ·ⲥⲁ·ⲛ·ⲅⲟⲩⲛ   ⲛ̄·ⲑⲉ   ⲙ̄·ⲡ·ⲥⲁ·ⲛ·ⲃⲟⲗ
-you(pl)-should-make-the-side-inner   like   the-side-outer,

ⲁⲩⲱ   ⲡ·ⲥⲁ·ⲛ·ⲃⲟⲗ   ⲛ̄·ⲑⲉ   ⲙ̄·ⲡ·ⲥⲁ·ⲛ·ⲅⲟⲩⲛ .. /ⲱ ⲡ·ⲥⲁ· ̄·
and   the-side-outer   like   the-side-inner,   and   the-side-

·ⲧ·ⲡⲉ   ⲛ̄·ⲑⲉ   ⲙ̄·ⲡ·ⲥⲁ·ⲙ·ⲡ·ⲓⲧⲛ̄   ⲁⲩⲱ   ϣⲓⲛⲁ   ⲉⲧⲉ-
-upper   like   the-side-lower,   > and   so   you-

-ⲧⲛⲁ·ⲉⲓⲣⲉ   ⲙ̄·ⲫⲟ`ⲟⲩⲧ`   ⲙⲛ̄·ⲧ·ⲥⲅⲓⲙⲉ   ⲙ̄·ⲡⲓ·ⲟⲩⲁ
-(pl)-will-be-making   the-ma\ le   and-the-woman   that-one

ⲟⲩⲱⲧ`   ⲭⲉⲕⲁⲁⲥ   ⲛⲉ·ⲫⲟⲟⲩⲧ`   ·ⲣ̄·ⲅⲟⲟⲩⲧ`   ⲛ̄ⲧⲉ·
alone,   sothat   not-the-male   become-male,   (nor)-

·ⲧ·ⲥⲅⲓⲙⲉ   ·ⲣ̄·ⲥⲅⲓⲙⲉ   ⲅⲟⲧⲁⲛ   ⲉⲧⲉⲧⲛ̄·ϣⲁ·ⲉⲓⲣⲉ
-the-woman   become-woman;   > when   you(pl)-should-make

ⲛ̄·ⲅⲛ̄·ⲃⲁⲗ   ⲉ·ⲡ·ⲙⲁ   ⲛ̄·ⲟⲩ·ⲃⲁⲗ`   ⲁⲩⲱ   ⲟⲩ·ϭⲓⲭ`
some-eyes   to-the-place   of-an-eye,   and   a-hand

ⲉ·ⲡ·ⲙⲁ   ⲛ̄·ⲛⲟⲩ·ϭⲓⲭ`   ⲁⲩⲱ   ⲟⲩ·ⲉⲣⲏⲧⲉ   ⲉ·ⲡ·ⲙⲁ
to-the-place   of-a-hand,   and   a-foot   to-the-place

ⲛ̄·ⲟⲩ·ⲉⲣⲏⲧⲉ   ⲟⲩ·ⲅⲓⲕⲱⲛ`   ⲉ·ⲡ·ⲙⲁ   ⲛ̄·ⲟⲩ·ⲅⲓⲕⲱ ̄
of-a-foot;   an-image   to-the-place   of-an-image,

ⲧⲟⲧⲉ   ⲧⲉⲧⲛⲁ·ⲃⲱⲕ`   ⲉⲅⲟⲩⲛ   [ⲉ·ⲧ·ⲙⲛ̄ⲧⲉⲣⲟ]
then   you(pl)-will-go   in   to-the-kingdom.

Jesus saw infants being suckled. He said to his disciples, "These infants being suckled are like those who enter the kingdom." They said to him, "Shall we then, as children, enter the kingdom?" Jesus said to them, "When you make the two one, and when you make the inside like the outside and the outside like the inside, and the above like the below, and when you make the male and the female one and the same, so that the male not be male nor the female; and when you fashion eyes in place of an eye, and a hand in place of a hand, and a foot in place of a foot, and a likeness in place of a likeness; then will you enter [the kingdom]."

Jesús ve a infantes que están mamando. Dice a sus discípulos:

Estos infantes que maman se asemejan a los que entran en el Reino.

Le dicen: ¿Así al convertirnos en infantes entraremos en el Reino?

Jesús les ha dicho: Cuando hagáis de los dos uno, y hagáis el interior como el exterior y el exterior como el interior y lo de arriba como lo de abajo, y cuando establezcáis el varón con la hembra como una sola unidad de tal modo que el hombre no sea masculino ni la mujer femenina, cuando establezcáis un ojo en el lugar de un ojo y una mano en el lugar de una mano y un pie en el lugar de un pie y una imagen en el lugar de una imagen, entonces entraréis en el Reino.

INTERPRETACIÓN:

La Primera parte es paralela a **Mateo 18:3**

"De cierto os digo, que si no os volvéis y os hacéis como niños, no entraréis en el reino de los cielos."

"Cuando Hagáis de los dos, uno" Jesús enseñó acerca de la unicidad que había entre Él y el Padre. "El Padre y yo uno somos" Y Él oró para que nosotros también fuésemos uno. "Para que todos sean uno; como tú, oh Padre, en mí, y yo en ti, que también ellos sean uno en nosotros; para que el mundo crea que tú me enviaste".(Juan 17:21)

"Y hagáis el interior como el exterior y el exterior como el interior" nos habla de la integridad de un verdadero Cristiano. Lo que está dentro de nosotros, lo cual es Jesús mismo, debe verse visiblemente por medio de nuestras obras y amor al prójimo.

"Y lo de arriba como lo de abajo." Jesús les dijo a los fariseos: "Ustedes son de aquí abajo, pero yo soy de arriba; Lo que está en el cielo debe reflejarse en la tierra para que el mundo pueda reconocer la redención de Jesús".(Juan 8:23)

"y cuando establezcáis el varón con la hembra como una sola unidad de tal modo que el hombre no sea masculino ni la mujer femenina".

Esto nos habla de volver las cosas como al principio cuando no había varón y hembra sino un solo ser - Adán - en quin estaban unidos lo femenino y lo masculino. Está era la semejanza de Dios que proviene del Espíritu, donde ya no hay judío ni griego ni hombre ni mujer, sino un cuerpo unido que es el cuerpo de Jesús.

La última parte donde vemos el intercambio de ojos, manos, pies e imagen, nos habla de cambiar nuestra percepción humana por la de Dios, nuestras obras y caminar por los de Él y nuestra imagen distorsionada que tenemos de nosotros mismos por su imagen.

23

ⲡⲉⲭⲉ·ⲓⲥ	ⲭⲉ	†·ⲛⲁ·ⲥⲉ[ⲧ]ⲡ·ⲑⲏⲛⲉ	ⲟⲩⲁ	ⲉⲃⲟⲗ
Said Jesus	this:	I-will-choose-you(pl),	one	out
ϨⲚ·ϢⲞ	ⲁⲩⲱ	ⲤⲚⲀⲨ	ⲉⲃⲟⲗ	ϨⲚ·ⲦⲂⲀ	ⲁⲩⲱ
of-1000,	and	two	out	of-10000,	> and
ⲥⲉ·ⲛⲁ·ⲱϨⲉ	ⲉ·ⲣⲁⲧ·ⲟⲩ	ⲉⲩ·ⲟ	ⲟⲩⲁ	ⲟⲩⲱⲧ˙	ⲡⲉ-
they-will-stand	to-their-feet,	they-being	one	alone.	

Jesus said, "I shall choose you, one out of a thousand, and two out of ten thousand, and they shall stand as a single one."

Jesús ha dicho: Yo os escogeré, uno entre mil y dos entre diez mil y estarán de pie como una sola unidad.

INTERPRETACIÓN:

Mateo 22:14
"Muchos son los llamados y pocos los escogidos".

Estos escogidos son los que muriendo a sí mismos buscan la unicidad del Padre para reflejar el cielo en la tierra. No buscan exaltar sus nombres, sino que Jesús y su amor sean vistos.

24

̄ⲬⲈ·ⲚⲈϤ·ⲘⲀⲐⲎⲦⲎⲤ	ⲬⲈ	ⲘⲀ·ⲦⲤⲈⲂⲞ·Ⲛ`	Ⲉ·Ⲡ·ⲦⲞ-
-id-his-disciples	this:	Show-us	to-the-pl-

-ⲠⲞⲤ	ⲈⲦ·Ⲕ·Ⲙ̄·ⲘⲀⲨ	ⲈⲠⲈⲒ	ⲦⲀⲚⲀⲄⲔⲎ ⲈⲢⲞ·Ⲛ ⲦⲈ
-ace	which-you(sg)(are)there,	because	necessary to-us (it) is

ⲈⲦⲢⲚ̄·ϢⲒⲚⲈ	Ⲛ̄Ⲥⲱ·ϥ`	ⲠⲈⲬⲀ·ϥ` ⲚⲀ·Ⲩ ⲬⲈ	ⲠⲈⲦ·ⲈⲨ-
that-we-seek	after-him. >	Said-he to-them this:	he-who-ha-

-Ⲛ̄·ⲘⲀⲀⲬⲈ	Ⲙ̄·ⲘⲞ·ϥ	ⲘⲀⲢⲈϥ·`·ⲤⲱⲦⲘ̄	ⲞⲨⲚ̄·ⲞⲨ-
-s-ear	of-him,	let-him- \ -listen; >	There-is-l-

-ⲞⲈⲒⲚ`	·ϢⲞⲞⲠ`	Ⲙ̄·ⲪⲞⲨⲚ	Ⲛ̄·ⲚⲞⲨ·ⲠⲘ̄·ⲞⲨⲞⲈⲒⲚ
-ight	exists	in-the-inner	of-a-man-of-light

ⲀⲨⲱ	ϥ·Ⲣ̄·ⲞⲨⲞⲈⲒⲚ	Ⲉ·Ⲡ·ⲔⲞⲤⲘⲞⲤ	ⲦⲎⲢ·ϥ`	Ⲉϥ·ⲦⲘ̄·
and	he-becomes-light	to-the-world,	all-of-it;	if-he-not-

·Ⲣ̄·ⲞⲨⲞⲈⲒⲚ`	ⲞⲨ·ⲔⲀⲔⲈ ⲠⲈ	ⲠⲈⲬⲈ·Ⲓ̄Ⲥ̄ ⲬⲈ	·ⲘⲈⲢⲈ·
-become-light,	(a)darkness is-he.		

His disciples said to him, "Show us the place where you are since it is necessary for us to seek it." He said to them, "Whoever has ears, let him hear. There is light within a man of light, and he lights up the whole world. If he does not shine, he is darkness."

Sus discípulos dicen: Explícanos tu lugar, porque es necesario que lo busquemos.

El les ha dicho: Quien tiene oídos, ¡que oiga! Dentro de una persona de luz hay luz, y él ilumina el mundo entero. Cuando no brilla, hay oscuridad.

EXPLICACIÓN:

Dios es Luz, y al estar unidos a Él en nuestro espíritu su Luz irradia de en medio de nosotros. La mente natural se opone al Espíritu y lo bloquea como una cubierta de bronce que impide que la luz sea percibida. Por eso cuando caminamos operando desde nuestra propia mente carnal nos encontramos en oscuridad y no producimos ningún cambio en nuestro entorno.

En el evangelio de Mateo, Jesús les habló a sus discípulos sobre la luz que moraba en ellos. Esto es mucho antes de que recibieran al Espíritu Santo. Esta luz es la vida del Padre puesta en los hijos de Dios desde antes de la fundación del mundo, que empieza a brillar cuando se conecta con Jesús.

Mateo 5:14-16
"Vosotros sois la luz del mundo; una ciudad asentada sobre un monte no se puede esconder. Ni se enciende una luz y se pone debajo de un almud, sino sobre el candelero, y alumbra a todos

los que están en casa. Así alumbre vuestra luz delante de los hombres, para que vean vuestras buenas obras, y glorifiquen a vuestro Padre que está en los cielos".

25

ⲠⲈⲬⲈ·ⲓ̅ⲥ̅ ⲬⲈ ·ⲘⲈⲠⲈ·
Said Jesus this: Love-
·ⲠⲈⲔ·ⲤⲞⲚ Ⲛ̄·ⲐⲈ Ⲛ̄·ⲦⲈⲔ·`ⲯⲨⲬⲎ ⲈⲠⲒ·ⲦⲎⲢⲈⲒ Ⲙ̄·ⲘⲞ·Ⳝ
-our(sg)-brother like your(sg)-\ -soul. > Guard him
Ⲛ̄·ⲐⲈ Ⲛ̄·Ⲧ·ⲈⲗⲞⲨ Ⲙ̄·ⲠⲈⲔ·`ⲂⲀⲗ`
like the-pupil of-your(sg)-\-eye.

Jesus said, "Love your brother like your soul; guard him like the pupil of your eye."

Jesús ha dicho: Ama a tu hermano como a tu alma, protégele como a la pupila de tu ojo.

INTERPRETACIÓN:

Este pasaje es análogo a

Mateo 22:39

"Y el segundo es semejante: Amarás a tu prójimo como a ti mismo."

26

ⲡⲉⲭⲉ·ⲓ̅ⲥ̅ ⲭⲉ ⲡ·ϫⲏ
Said Jesus this: the-mote

ⲉⲧ·ϩⲙ̅·ⲡ·ⲃⲁⲗ ⲙ̅·ⲡⲉⲕ·`·ⲥⲟⲛ ⲕ·ⲛⲁⲩ ⲉⲣⲟ·ϥ` ⲡ·ⲥⲟⲉⲓ
()in-the-eye of-your(sg)-\-brother, you(sg)-see him; the-beam,

ⲇⲉ ⲉⲧ·ϩⲙ̅·ⲡⲉⲕ·ⲃⲁⲗ` ⲕ·ⲛⲁⲩ ⲁⲛ ⲉⲣⲟ·ϥ` ϩⲟⲧⲁⲛ
hwvr, ()-in-your(sg)-eye, you(sg)-see not it/him; > when

ⲉⲕ·ϣⲁⲛ·ⲛⲟⲩϫⲉ ⲙ̅·ⲡ·ⲥⲟⲉⲓ ⲉⲃⲟⲗ ϩⲙ̅·ⲡⲉⲕ·`
you(sg)-should-cast the-beam out of-your(sg)\

·ⲃⲁⲗ` ⲧⲟⲧⲉ ⲕ·ⲛⲁ·ⲛⲁⲩ ⲉⲃⲟⲗ ⲉ·ⲛⲟⲩϫⲉ ⲙ̅·ⲡ·ϫⲏ
-eye, then you(sg)-will-see outward to-cast the-mote

ⲉⲃⲟⲗ ϩⲙ̅·ⲡ·ⲃⲁⲗ ⲙ̅·ⲡⲉⲕ·ⲥⲟⲛ
out of-the-eye of-your(sg)-brother.

Jesus said, "You see the mote in your brother's eye, but you do not see the beam in your own eye. When you cast the beam out of your own eye, then you will see clearly to cast the mote from your brother's eye."

Jesús ha dicho: Ves la mota que está en el ojo de tu hermano, mas no ves la viga que está en tu propio ojo. Cuando saques la viga de tu propio ojo, entonces verás claramente para quitar la mota del ojo de tu hermano.

INTERPRETACIÓN:

Este verso es análogo a

> **Mateo 7:3-5**
> "Y por qué miras la paja que está en el ojo de tu hermano, y no echas de ver la viga que está en tu propio ojo? ¿O cómo dirás a tu hermano: 'Déjame sacar la

paja de tu ojo, y he aquí la viga en el ojo tuyo'? ¡Hipócrita! saca primero la viga de tu propio ojo, y entonces verás bien para sacar la paja del ojo de tu hermano."

27

			ETETM̄·P̄·NH-
			If-you(pl)-do-not-fa-
-CTEYE	E·Π·KOCMOC	TETNA·ZE	AN` E·T·MN̄TE-
-st	to-the-world,	you(pl)-will-fall	not to-the-king-
-PO	ETETN̄·TM̄·EIPE	M̄·Π·CAMBATON	N̄·CAB`
-dom; >	if-you(pl)-do-not-make	the-sabbath(sp)	sab\
-BATON	N̄TETNA·NAY	AN	E·Π·EIⲰT`
-bath,	you(pl)-will-look	not	upon-the-father.

Jesus said, "If you do not fast the world (system), you will not find the kingdom. If you do not make the Sabbath the (true) Sabbath, you will not see the father."

Jesús ha dicho: A menos que ayunéis del sistema, no encontraréis el Reino de Dios. A menos que guardéis la semana entera como sábado, no veréis al Padre.

INTERPRETACIÓN:

Clemente de Alejandría en "Stromateis" 3.15.99.4, incorpora una bienaventuranza con contenido similar:

"Aquellos que se han circuncidado de todo pecado por el reino de los cielos son dichosos: Son los que ayunan del mundo. Ayunar del mundo significa abstenerse de las cosas materiales que el mundo tiene para ofrecer."

En un sentido más amplio implica ayunar las dependencias al sistema que nos atan, para romper su poder sobre nosotros.

28

ⲡⲉϫⲉ·ⲓ̅ⲥ̅
Said Jesus
ϫⲉ ⲁⲉⲓ·ⲱϩⲉ ⲉ·ⲣⲁⲧ·ˋ ϩⲛ̅·ⲧ·ⲙⲏⲧⲉ ⲙ̅·ⲡ·ⲕⲟⲥ-
this: Did-I-stand to-my-feet in-the-midst of-the-wo-
-ⲙⲟⲥ ⲁⲩⲱ ⲁⲉⲓ·ⲟⲩⲱⲛϩ ⲉⲃⲟⲗ ⲛⲁ·ⲩ ϩⲛ̅·ⲥⲁⲣⲝ
-rld, and did-I-appear outwardly to-them in-flesh;
ⲁⲉⲓ·ϩⲉ ⲉⲣⲟ·ⲟⲩ ⲧⲏⲣ·ⲟⲩ ⲉⲩ·ⲧⲁϩⲉ ⲙ̅ⲡⲓ·ϩⲉ ⲉ·ⲗⲁ-
Did-I-fall upon-them, all-of-them, ()drunk; did-not-I-fall on-any-
-ⲁⲩ ⲛ̅·ϩⲏⲧ·ⲟⲩ ⲉϥ·ⲟⲃⲉ ⲁⲩⲱ ⲁ·ⲧⲁ·ⲯⲩⲭⲏ ·ϯ·ⲧⲕⲁⲥ
-one among-them ()thirsting; > and did-my-soul give-pain
ⲉϫⲛ̅·ⲛ̅·ϣⲏⲣⲉ ⲛ̅·ⲣ̅·ⲣⲱⲙⲉ ϫⲉ ϩⲛ̅·ⲃⲗ̅ⲗⲉⲉⲩ-
over-the-sons of-men, for ()blind-me-
-ⲉ ⲛⲉ ϩⲙ̅·ⲡⲟⲩ·ϩⲏⲧˋ ⲁⲩⲱ ⲥⲉ·ⲛⲁⲩ ⲉⲃⲟⲗ ⲁⲛ
-n (they) are in-their-mind, and they-look outward not,
ϫⲉ ⲛ̅ⲧⲁⲩ·ⲉⲓ ⲉ·ⲡ·ⲕⲟⲥⲙⲟⲥ ⲉⲩ·ϣⲟⲩⲉⲓⲧˋ ⲉⲩ·
for they-have-come to-the-world ()-empty; they-
·ϣⲓⲛⲉ ⲟⲛ ⲉⲧⲣⲟⲩ·ⲉⲓ ⲉⲃⲟⲗ ϩⲙ̅·ⲡ·ⲕⲟⲥⲙⲟⲥ
-seek also that-they-come out of-the-world
ⲉⲩ·ϣⲟⲩⲉⲓⲧˋ ⲡⲗⲏⲛ ⲧⲉⲛⲟⲩ ⲥⲉ·ⲧⲟϩⲉ ϩⲟ-
()-empty; > but now they-are-drunk; wh-
-ⲧⲁⲛ ⲉⲩ·ϣⲁⲛ·ⲛⲉϩ·ⲡⲟⲩ·ⲏⲣⲡˋ ⲧⲟⲧⲉ ⲥⲉ·ⲛⲁ·ⲣ̅·
-en they-should-shakeoff-their-wine, then they-will-
·ⲙⲉⲧⲁⲛⲟⲉⲓ
-repent.

Jesus said, "I took my place in the midst of the world, and I appeared to them in flesh. I found all of them intoxicated; I found none of them thirsty. And my soul became afflicted for the sons of men, because they are blind in their hearts and do not have sight; for empty they came into the world, and empty too they seek to leave the world. But for the moment they are intoxicated. When they shake off their wine, then they will repent."

Jesús ha dicho: Tomé mi lugar en medio del mundo y encarnado me aparecí a ellos. Los encontré a todos ebrios, no encontré a ninguno sediento. Y mi alma se apenaba por los hijos de los hombres, porque están ciegos en sus corazones y no tienen vista ya que vacíos han entrado en el mundo y vacíos buscan salir del mundo de nuevo. Mas ahora están ebrios, cuando hayan sacudido su vino, entonces se arrepentirán.

INTERPRETACIÓN:

Aquí Jesús habla refiriéndose al

Salmo 107:27-28

"Tiemblan y titubean como ebrios, Y toda su ciencia es inútil.

Entonces claman a Jehová en su angustia, Y los libra de sus aflicciones."

También en **Mateo 13:13-15** vemos una referencia análoga.

"Por eso les hablo por parábolas: porque viendo no ven, y oyendo no oyen, ni entienden. De manera que se cumple en ellos la profecía de Isaías, que dijo:

De oído oiréis, y no entenderéis;

Y viendo veréis, y no percibiréis. Porque el corazón de este pueblo se ha engrosado,

y con los oídos oyen pesadamente,

y han cerrado sus ojos; Para que no vean con los ojos, y oigan con los oídos, y con el corazón entiendan,y se conviertan, y yo los sane."

29

ΠΕΧΕ·ΙC <> ΕϢΧΕ Ν̄ΤΑ·Τ·CΑΡΞˋ
Said Jesus (this) If has-the-flesh

·ϢΩΠΕ ΕΤΒΕ·ΠΝΑ ΟΥ·ϢΠΗΡΕ ΤΕ ΕϢ-
-come-into-being because-of-spirit, a-wonder is-she; > i-

-ΧΕ·ΠΝΑ ΔΕ ΕΤΒΕ·Π·CΩΜΑ ΟΥ·ϢΠΗΡΕ
-f-spirit, hwvr, because-of-the-body, a-wonder

Ν̄·ϢΠΗΡΕ ΠΕ ΑΛΛΑ ΑΝΟ·Κˋ †·Ρ̄·ϢΠΗΡΕ
wonderous is-he; > Rather, I, I-become-amazed

Μ̄·ΠΑΕΙ ΧΕ ΠΩ[C] Α·[ΤΕΕΙ·]ΝΟϬ Μ̄·ΜΝ̄Τ·ΡΜ̄·ΜΑ-
at-this, that how this-great rich-

-Ο ΑC·ΟΥΩϨ ϨΝ̄·ΤΕΕΙ·ΜΝ̄Τ·ϨΗΚΕ
-ness, she-was-placed in-this-poverty.

Jesus said, "If the flesh came into being because of spirit, it is a wonder. But if spirit came into being because of the body, it is a wonder of wonders. Indeed, I am amazed at how this great wealth has made its home in this poverty."

Jesús ha dicho: Si la carne ha llegado a ser por causa espiritual, es una maravilla, mas si el espíritu por causa corporal, sería una maravilla maravillosa. Ciertamente me maravillo en esto que esta gran riqueza ha morado en esta pobreza.

INTERPRETACIÓN:

Este pasaje demuestra una idea no gnóstica. El gnosticismo afirma que Jesús no vino en carne, solo en espíritu, y que la dimensión física o corporal está sujeta a corrupción sin posibilidad de redención. "Esta pobreza", la cual se refiere al cuerpo físico, experimenta en este caso la resurrección la cual es "La maravilla maravillosa".

Jesús vino en carne gracias al Espíritu Santo engendrado en el vientre de María. En otras palabras, la carne vino a ser por causa del Espíritu.

"El espíritu vino a ser por causa corporal" Nos habla de la resurrección. El Espíritu desciende al cuerpo muerto de Jesús y lo vivifica. Esto es una maravilla maravillosa. La inagotable vida del Cielo intervino en esta dimensión limitada sujeta a la muerte.

Esta perspectiva es análoga a

> **2 Corintios 4:7**
> "Pero tenemos este tesoro en vasos de barro, para que la excelencia del poder sea de Dios, y no de nosotros."

30

ⲡⲉⲝⲉ·ⲓⲥ
Said Jesus

ⲭⲉ	ⲡ·ⲙⲁ	ⲉⲩⲛ̄·ϣⲟⲙⲧ	ⲛ̄·ⲛⲟⲩⲧⲉ	ⲙ̄·ⲙⲁⲩ	ϩⲛ̄·
this:	the-place	which-has-three	gods	there,	in-

·ⲛⲟⲩⲧⲉ	ⲛⲉ	ⲡ·ⲙⲁ	ⲉⲩⲛ̄·ⲥⲛⲁⲩ	ⲏ ⲟⲩⲁ	ⲁⲛⲟ·ⲕ
-god	they-are;	> the-place	which-has-two	or one,	I,

ϯ·ϣⲟⲟⲡ	ⲛⲙⲙⲁ·ϥ
I-exist	with-him.

Jesus said, "Where there are three gods, they are gods. Where there are two or one, I am with him."

Jesús ha dicho: Donde hay tres dioses, carecen de Dios. Donde hay solo uno, digo que yo estoy con él. Levantad la piedra y allí me encontraréis, partid la madera y allí estoy.

INTERPRETACIÓN:

Ciertamente el rasgo característico de Dios es la unidad. Él mismo es uno solo, Padre, Hijo, Espíritu Santo (Elohim).

La frase "Donde hay solo uno, digo que yo estoy con él" está ligada a una instrucción para nosotros en la oración siguiente. Por tanto "el Uno" al cual se refiere, es la integración total de nuestro ser. Cuando nuestro corazón está sincronizado a nuestros pensamientos y estos conectados al Espíritu de Dios, es fácil reconocer su esencia en todo lo creado. En cualquier actividad, en cualquier motivación en cualquier lugar y circunstancia, levantado la piedra, partiendo la madera.

Este verso es anti-gnóstico ya que se refiere a encontrar la esencia de Dios en la creación.

31

ΠΕΧΕ·ΙC <> ΜΝ·ΠΡΟΦΗ-
Said Jesus (this) No-prophe-
-ΤΗC ·ϢΗΠ` 2Μ·ΠΕϤ·ΤΜΕ ΜΑ·ΠΕ·CΟΕΙΝ ·Ρ·ΘΕ-
-t is-accepted in-his(own)village; > no-physician hea-
-ΡΑΠΕΥΕ Ν·ΝΕΤ·`·COOYN Μ·ΜΟ·Ϥ`
-ls those-who-\ -know him.

Jesus said, "No prophet is accepted in his own village; no physician heals those who know him."

Jesús ha dicho: Ningún profeta se acepta en su propia aldea, ningún médico cura a aquellos que le conocen.

Análogo a **Lucas 4:24**

" " "Y añadió: De cierto os digo, que ningún profeta es acepto en su propia tierra."

En general el corazón se cierra a creer en lo extraordinario de lo que tenemos cerca. Siempre apreciamos más algo que viene de fuera.

32

ⲡⲉⲝⲉ·ⲓⲥ
Said Jesus

ⲭⲉ	ⲟⲩ·ⲡⲟⲗⲓⲥ	ⲉⲩ·ⲕⲱⲧ	ⲙ̄·ⲙⲟ·ⲥ	ϩⲓⲝⲛ̄·ⲟⲩ·ⲧⲟ-
this:	a-city	they-are-building	(her)	upon-a-moun-
-ⲟⲩ	ⲉϥ·ⲭⲟⲥⲉ	ⲉⲥ·ⲧⲁⲭⲣⲏⲩ	ⲙ̄ⲛ̄·ϭⲟⲙ	ⲛ̄ⲥ·ϩⲉ
-tain	()raised-up,	she-being-fortified,	no-way	that-she-fall

ⲟⲩⲇⲉ ⲥ·ⲛⲁⲱ·ϩⲱⲡ` ⲁⲛ
&nor she-can-be-hidden not.

Jesus said, "A city being built on a high mountain and fortified cannot fall, nor can it be hidden."

Jesús ha dicho: Una ciudad que se construye encima de una montaña alta y fortificada, no puede caer ni quedar escondida.

INTERPRETACIÓN:

Este versículo es análogo a

> **Mateo 5:14**
> "vosotros sois la luz del mundo; una ciudad asentada sobre un monte no se puede esconder."

En este caso, habla de la ciudad del Dios vivo, quien está asentada en el monte de Sión y fortificada por la presencia inexpugnable de Dios.

33

ⲡⲉϫⲉ·ⲓ̅ⲥ̅ <> ⲡⲉⲧ·`·ⲕ·ⲛⲁ·
Said Jesus :his) he-who\you(sg)-will
·ⲥⲱⲧⲙ̅ ⲉⲣⲟ·ϥ ϩⲙ̅·ⲡⲉⲕ·`·ⲙⲁⲁϫⲉ ϩⲙ̅·ⲡ·ⲕⲉ·ⲙⲁ-
-listen to-him in-your(sg)- \ -ear (and?) in-the-other-ea
-ⲁϫⲉ ·ⲧⲁϣⲉ·ⲟⲉⲓϣ` ⲙ̅·ⲙⲟ·ϥ ϩⲓϫⲛ̅·ⲛⲉⲧⲛ̅·ϫⲉ-
-r, preach him upon-your(pl)-ho
-ⲛⲉⲡⲱⲣ` ⲙⲁ·ⲣⲉ·ⲗⲁⲁⲩ` ⲅⲁⲣ ·ϫⲉⲣⲉ·ϩⲏⲃ̅ⲥ̅ ⲛ̅ϥ·`
-usetops; >(for) does-not-anyone, (---), burn(a)lamp &()-
·ⲕⲁⲁ·ϥ` ϩⲁ·ⲙⲁⲁϫⲉ ⲟⲩⲇⲉ ⲙⲁϥ·ⲕⲁⲁ·ϥ` ϩⲙ̅·ⲙⲁ
-put-him under-ear(?) &nor does-not-he-put-him in(a)place
ⲉϥ·ϩⲏⲡ` ⲁⲗⲗⲁ ⲉ·ϣⲁⲣⲉϥ·ⲕⲁⲁ·ϥ` ϩⲓϫⲛ̅·ⲧ·ⲗⲩ-
()hidden. >Rather, does-he-put-him upon-the-lamp
-ⲭⲛⲓⲁ ϫⲉⲕⲁⲁⲥ ⲟⲩⲟⲛ ·ⲛⲓⲙ` ⲉⲧ·ⲃⲏⲕ` ⲉϩⲟⲩⲛ
-stand, sothat one -any who-goes in
ⲁⲩⲱ ⲉⲧ·ⲛ̅ⲛⲏⲩ ⲉⲃⲟⲗ ⲉⲩ·ⲛⲁ·ⲛⲁⲩ ⲁ·ⲡⲉϥ·ⲟⲩ-
and who-comes out, they-may-look upon-his-li-
-ⲟⲉⲓⲛ
-ght.

Jesus said, "Preach from your (pl.) housetops that which you (sg.) will hear in your (sg.) ear. For no one lights a lamp and puts it under a bushel, nor does he put it in a hidden place, but rather he sets it on a lampstand so that everyone who enters and leaves will see its light."

Jesús ha dicho: Lo que escuchéis en vuestro oído, proclamadlo desde vuestros techos. Pues nadie enciende una lámpara para ponerla debajo de un cesto ni la pone en un lugar escondido, sino que se coloca sobre el candelero para que todos los que entran y salen vean su resplandor.

INTERPRETACIÓN:

Este versículo es análogo a

Mateo 10:27 y Lucas 12:3

"Lo que os digo en tinieblas, decidlo en la luz; y lo que oís al oído, proclamadlo desde las azoteas."

También es análogo a

Mateo 5:15,

"Ni se enciende una luz y se pone debajo de un almud, sino sobre el candelero, y alumbra a todos los que están en casa."

34

ΠΕΧΕ·ΙC	ΧΕ	ΟΥ·ΒⲖⲖⲉ	ⲉϥ·ϢⲀⲚ·˙·ⲤⲰⲔˋ
Said Jesus	this:	a-blindman,	if-he-should-\-lead
2ΗⲦ·ϥˋ	**Ⲛ·ⲚΟΥ·ΒⲖⲖⲉ**	**ϢⲀΥ·2ⲉ**	**Ⲙ·Πⲉ·ⲤⲚⲀΥˋ**
before-him	a-blind-man,	they-fall,	the-two,
ⲉ·Π·ⲉⲤΗⲦˋ	**ⲉ·Υ·2Ιⲉ ΙⲦˋ**		
down	into-a-pit.		

Jesus said, "If a blind man leads a blind man, they will both fall into a pit."

Jesús ha dicho: Si un ciego guía a un ciego, caen juntos en un hoyo.

INTERPRETACIÓN:

Este versículo es análogo a

" " **Mateo 15:14**

"Dejadlos; son ciegos guías de ciegos; y si el ciego guiare al ciego, ambos caerán en el hoyo" en referencia a los fariseos."

35

			ΠⲉⲬⲉ·ΙC	<>	ⲘⲚ·ϬΟⲘˋ
			Said Jesus	(this)	no-way
ⲚⲦⲉ·ΟΥⲀ	**·ΒⲰⲔˋ**	**ⲉ2ΟΥⲚ**	**ⲉ·Π·Ηⲉ Ι**		**Ⲙ·Π·ⲬⲰ-**
can-one	go	in	to-the-house		of-the-str-
-ⲰΠⲉ	**Ⲛϥ·ⲬΙⲦ·ϥˋ**	**Ⲛ·ⲬⲚⲀ2**	**ⲉΙⲘΗⲦΙ**		**Ⲛϥ·ⲘΟΥⲢ**
-ong	&()-take-him	by-force,	unless		()he-bind
Ⲛ·Ⲛⲉϥ·ϬΙⲬˋ		**ⲦΟⲦⲉ**	**ϥ·ⲚⲀ·ΠⲰⲰⲚⲉ**		**ⲉΒΟⲖ**
his-hands;	>	then	he-will-move		out
Ⲙ·Πⲉϥ·Ηⲉ Ι					
of-his-house.					

Jesus said, "It is not possible for anyone to enter the house of a strong man and take it by force unless he binds his hands; then he will (be able to) ransack his house."

Jesús ha dicho: Nadie puede entrar en la casa del poderoso para conquistarla con fuerza, a menos que le ate sus manos, entonces podrá saquear su casa.

INTERPRETACIÓN:

Este pasaje es análogo a

Marcos 3:27

"Ninguno puede entrar en la casa de un hombre fuerte y saquear sus bienes, si antes no le ata, y entonces podrá saquear su casa."

En cuanto a la guerra espiritual es un fundamento. Hay batallas que presentan un hombre fuerte, y este es a quien hay que atar antes de saquear la casa.

36

ΠΕΧΕ·Ι̅C̅	<>	M̅N̅·Ϥ·ΡΟΟΥϢ	ΧΙ ‾·
Said Jesus	(this)	Do-not-take-care	from-

·ϨΤΟΟΥΕ	ϢΑ·ΡΟΥϨΕ	ΑΥⲰ	ΧΙΝ·ϨΙ·ΡΟΥϨΕ
-morning	upto-evening,	and	from()evening

ϢΑ·ϨΤΟΟΥΕ	ΧΕ	ΟΥ	ΠΕ	ΕΤ·ΝΑ·ΤΑΑ·Ϥ	ϨΙⲰΤ·‵
up-to-morning	for	what	(it) is	which-will-give-him	upon-\

·ΤΗΥΤN̅
-yourselves. >

Jesus said, "Do not be concerned from morning until evening and from evening until morning about what you will wear."

Jesús ha dicho: No estéis ansiosos en la mañana sobre la noche, ni en la noche sobre la mañana, ni por vuestro alimento que comeréis ni por vuestra ropa que llevaréis?

INTERPRETACIÓN:

Este pasaje es análogo a

Mateo 6:25-34

"Por eso les digo: No se preocupen por su vida, qué comerán o beberán; ni por su cuerpo, cómo se vestirán. ¿No tiene la vida más valor que la comida, y el cuerpo más que la ropa? Fíjense en las aves del cielo: no siembran ni cosechan ni almacenan en graneros; sin embargo, el Padre celestial las alimenta. ¿No valen ustedes mucho más que ellas? ¿Quién de ustedes, por mucho que se preocupe, puede añadir una sola hora al curso de su vida?".

¿Y por qué se preocupan por la ropa? Observen cómo crecen los lirios del campo. No trabajan ni hilan; sin embargo, les digo que ni siquiera

Salomón, con todo su esplendor, se vestía como uno de ellos. Si así viste Dios a la hierba que hoy está en el campo y mañana es arrojada al horno, ¿no hará mucho más por ustedes, gente de poca fe? Así que no se preocupen diciendo: "¿Qué comeremos?" o "¿Qué beberemos?" o "¿Con qué nos vestiremos?" Los paganos andan tras todas estas cosas, pero el Padre celestial sabe que ustedes las necesitan. Más bien, busquen primeramente el reino de Dios y su justicia, y todas estas cosas les serán añadidas. Por lo tanto, no se angustien por el mañana, el cual tendrá sus propios afanes. Cada día tiene su propio afán.

37

ⲡⲉⲝⲉ·ⲛⲉϥ·ⲙⲁⲑⲏⲧⲏⲥ   ⲝⲉ   ⲁⲱ   ⲛ̄·
Said-his-disciples   this: which   -

·ⲟⲟⲩ   ⲉⲕ·ⲛⲁ·ⲟⲩⲱⲛⲍ   ⲉⲃⲟⲗ   ⲛⲁ·ⲛ   ⲁⲩⲱ   ⲁⲱ
-day   will-you(sg)-appear   forth   to-us?   And   which

ⲛ̄·ⲟⲟⲩ   ⲉⲛⲁ·ⲛⲁⲩ   ⲉⲣⲟ·ⲕ`   ⲡⲉⲝⲉ·ⲓ̄ⲥ̄   ⲝⲉ   ⲍⲟ-
day   will-we-look   upon-you(sg)?   *Said-JS37   this: Wh-

-ⲧⲁⲛ   ⲉⲧⲉⲧⲛ̄·ϣⲁ·ⲕⲉⲕ·ⲑⲏⲩⲧⲛ̄   ⲉ·ⲍⲏⲩ   ⲙ̄ⲡⲉ-
-en   you(pl)-should-strip-yourselves   naked   without-be-

-ⲧⲛ̄·ϣⲓⲡⲉ   ⲁⲩⲱ   ⲛ̄ⲧⲉⲧⲛ̄·ϥⲓ   ⲛ̄·ⲛⲉⲧⲛ̄·ϣⲑⲏⲛ
-ing-ashamed,   and   ()-you(pl)-take   your(pl)-garments

ⲛ̄ⲧⲉⲧⲛ̄·ⲕⲁⲁ·ⲩ   ⲍⲁ·ⲡ·ⲉⲥⲏⲧ`   ⲛ̄·ⲛⲉⲧⲛ̄·ⲟⲩⲉⲣⲏ-
&-you(pl)-put-them   under-the-ground   of-your(pl)-fee-

-ⲧⲉ   ⲛ̄·ⲑⲉ   ⲛ̄·ⲛⲓ·ⲕⲟⲩⲉⲓ   ⲛ̄·ϣⲏⲣⲉ·ϣⲏⲙ`   ⲛ̄ⲧⲉ-
-t,   like   those-little   small-children,   &-you-

-ⲧⲛ̄·ⲝⲟⲡⲝⲡ̄`   ⲙ̄·ⲙⲟ·ⲟⲩ   ⲧⲟⲧ[ⲉ   ⲧⲉⲧⲛⲁ·ⲛⲁ]ⲩ
-(pl)-trample   them,   >   then   you(pl)-will-look

ⲉ·ⲡ·ϣⲏⲣⲉ   ⲙ̄·ⲡⲉⲧ·ⲟⲛⲍ   ⲁⲩⲱ   ⲧⲉⲧⲛⲁ·ⲣ̄·
upon-the-son   of-he-who-lives,   and   you(pl)-will-become-

·ⲍⲟⲧⲉ   ⲁⲛ
-afraid   not.

His disciples said, "When will you become revealed to us and when shall we see you?" Jesus said, "When you disrobe without being ashamed and take up your garments and place them under your feet like little children and tread on them, then [will you see] the son of the living one, and you will not be afraid."

Sus discípulos dicen: ¿Cuándo te nos revelarás y cuándo te percibiremos?

Jesús dice: Cuando os quitéis vuestros vestidos sin avergonzaos y toméis vuestra ropa y la pongáis bajo vuestros pies para pisar sobre ella, como hacen los niños, entonces miraréis al Hijo del Viviente y no temeréis.

Cuenta la historia de Francisco de Asís, que por volverse un seguidor de Jesucristo, se despojó de sus propias vestiduras, quedando al desnudo de la sociedad de Asís. Lo hizo tanto en sentido espiritual como físico. Así dejó la expectativa de ser un joven heredero de la riqueza de su familia. Así dejó atrás su identidad, para empezar su camino para ser "Francisco", un hijo de Dios, a quien las vestiduras de su sociedad y época no definen. No encontró en quién él era, cosa a que aferrarse y en semejanza al Hijo de Dios, se despojó a sí mismo, como lo hacen los niños, desnudo pero revestido por Dios.

El ejemplo de Francisco habla por sí solo, en sentido espiritual debemos despojarnos de aquello que nos cubre o protege que no sea Dios.

38

ΠΕΧΕ·ΙC	ΧΕ	ϩΑϩ	Ν̄·ϹΟΠ	ΑΤΕΤΝ̄·
Said Jesus	this:	Many	times	did-you(pl)·

·Ρ̄·ΕΠΙΘΥΜΕΙ	Ε·ϹШΤΜ̄	Α·ΝΕΕΙ·ШΑΧΕ	ΝΑΕΙ
-become-desirous	to-listen	to-these-words,	these

ΕΤ·ΧШ	Μ̄·ΜΟ·ΟΥ	ΝΗ·ΤΝ̄	ΑΥШ	ΜΝ̄·ΤΗ·ΤΝ̄·
which-I-speak	them	to-you(pl),	and	not-have-you(pl)·

·ΚΕ·ΟΥΑ	Ε·ϹΟΤΜ·ΟΥ	Ν̄·ΤΟΟΤ·ϥ	ΟΥΝ̄·ϩΝ̄·ϩΟ-
-another-one	to-hear-them	from-his-hand. >	()some-da-

-ΟΥ	·ΝΑ·ШШΠΕ	Ν̄ΤΕΤΝ̄·ШΙΝΕ	Ν̄ϹШ·ΕΙ	ΤΕ-
-ys	will-come-to-be	&-you(pl)(will)seek	after-me;	you-

-ΤΝΑ·ϩΕ	ΑΝ	ΕΡΟ·ΕΙ
-(pl)-will-fall	not	upon-me.

Jesus said, "Many times have you desired to hear these words which I am saying to you, and you have no one else to hear them from. There will be days when you will look for me and will not find me."

Jesús ha dicho: Muchas veces habéis anhelado oír estos dichos que os proclamo, y no tenéis otro de quien oírlos. Habrá días en que me buscaréis, pero no me encontraréis.

INTERPRETACIÓN:

Este versículo es análogo a
Juan 6:68
"Simón Pedro le respondió: Señor, ¿a quién iremos? Tú tienes palabras de vida eterna."

Nuestro espíritu busca ser nutrido de substancia eterna. En esencia, el Verbo hecho carne venía a abrir en nosotros esa fuente de vida eterna: la posibilidad del Verbo de Dios habitando en nosotros. Esto se cumple únicamente tras su muerte y resurrección.

Juan 16:16-24 proporciona una perspectiva más profunda:

"Todavía un poco, y no me veréis; y de nuevo un poco, y me veréis; porque yo voy al Padre. Entonces se dijeron algunos de sus discípulos unos a otros: ¿Qué es esto que nos dice: Todavía un poco y no me veréis; y de nuevo un poco, y me veréis; y, porque yo voy al Padre? Decían, pues: ¿Qué quiere decir con: Todavía un poco? No entendemos lo que habla. Jesús conoció que querían preguntarle, y les dijo: ¿Preguntáis entre vosotros acerca de esto que dije: Todavía un poco y no me veréis, y de nuevo un poco y me veréis? De cierto, de cierto os digo, que vosotros lloraréis y lamentaréis, y el mundo se alegrará; pero aunque vosotros estéis tristes, vuestra tristeza se convertirá en gozo. La mujer cuando da a luz, tiene dolor, porque ha llegado su hora; pero después que ha dado a luz un niño, ya no se acuerda de la angustia, por el gozo de que haya nacido un hombre en el mundo. También vosotros ahora tenéis tristeza; pero os volveré a ver, y se gozará vuestro corazón, y nadie os quitará vuestro gozo. En aquel día no me preguntaréis nada. De cierto, de cierto os digo, que todo cuanto pidiereis al Padre en mi nombre, os lo dará. Hasta ahora nada habéis pedido en mi nombre; pedid, y recibiréis, para que vuestro gozo sea cumplido."

39

		ΠΕΧΕ·ΙC	ΧΕ	Ν̄·ΦΑΡΙCΑΙ-
		Said Jesus	this:	the-Pharisee-
-OC	ΜΝ·Ν·ΓΡΑΜΜΑΤΕΥC		ΑΥ·ΧΙ	Ν̄·ϢΑϢΤ`
-s	and-the-scribes,		they-took	the-keys
Ν̄·Τ·ΓΝⲰCΙC	ΑΥ·ϨΟΠ·ΟΥ		ΟΥΤΕ	Ν̄ΠΟΥ·ΒⲰΚ`
of-Knowledge;	they-hid-them;		> -nor	did-not-they-go
ΕϨΟΥΝ	ΑΥⲰ	ΝΕΤ·ΟΥⲰϢ	Ε·ΒⲰΚ`	ΕϨΟΥΝ	Ν̄-
in,	and	those-who-desire	to-go	in,	did-not-
-ΠΟΥ·ΚΑΑ·Υ	Ν̄·ΤⲰ·ΤΝ̄	ΔΕ	·ϢⲰΠΕ	Ν̄·ΦΡΟΝΙΜΟC
-they-permit-them.	> You(pl),	hwvr,	come-to-be	cunning,
Ν̄·ΘΕ	Ν̄·Ν·ϨΟϤ`	ΑΥⲰ	Ν̄·ΑΚΕΡΑΙΟC	Ν̄·ΘΕ	Ν̄·Ν·
like	the-snakes,	and	innocent,	like	the-
·ϬΡΟΜΠΕ					
-doves.					

Jesus said, "The pharisees and the scribes have taken the keys of knowledge (gnosis) and hidden them. They themselves have not entered, nor have they allowed to enter those who wish to. You, however, be as wise as serpents and as innocent as doves."

Jesús ha dicho: Los clérigos y los teólogos han recibido las llaves del conocimiento, pero las han escondido. No entraron ellos, ni permitían entrar a los que sí deseaban. En cuanto a vosotros, haceos astutos como serpientes y puros como palomas.

INTERPRETACIÓN:

Este pasaje es análogo a

" " **Mateo 23:13**

"Mas ¡ay de vosotros, escribas y fariseos, hipócritas! porque cerráis el reino de los cielos delante de los hombres; pues ni entráis vosotros, ni dejáis entrar a los que están entrando."

Lucas 11:52

"¡Ay de vosotros, intérpretes de la ley! porque habéis quitado la llave de la ciencia; vosotros mismos no entrasteis, y a los que entraban se lo impedisteis."

40

ΠΕΧΕ·ΙC <> ΟΥ·ΒΕ·Ν·ΕΛΟΟΛΕ ΑΥ·
Said Jesus (this) a-vine-of-grapes, did-they-
·ΤΟ6·C Μ·Π·CΑ·Ν·ΒΟΛ Μ·Π·ΕΙΩΤˋ ΑΥΩ ΕC·ΤΑ-
-plant-her in-the-side-outer of-the-father, > and she-being-for-
-ΧΡΗΥ ΑΝ CΕ·ΝΑ·ΠΟΡΚ·C ϨΑ·ΤΕC·ΝΟΥΝΕ ΝϹ·
-tified not, they-will-pull-her-up by-her-root &-she(will)-
·ΤΑΚΟ
-be-destroyed.

Jesus said, "A grapevine has been planted outside of the Father, but being unsound, it will be pulled up by its roots and destroyed."

Jesús ha dicho: Ha sido plantada una vid fuera del Padre, y siendo defectuosa será desarraigada y destruida.

INTERPRETACIÓN:

Este pasaje es paralelo al canto de la viña, profetizado por Isaias

Y se refiere a la Israel apóstata.

"Ahora cantaré por mi amado el cantar de mi amado a su viña. Tenía mi amado una viña en una ladera fértil.

La había cercado y despedregado y plantado de vides escogidas; había edificado en medio de ella una torre, y hecho también en ella un lagar; y esperaba que diese uvas, y dio uvas silvestres.

Ahora, pues, vecinos de Jerusalén y varones de Judá, juzgad ahora entre mí y mi viña.

¿Qué más se podía hacer a mi viña, que yo no haya hecho en ella? ¿Cómo, esperando yo que diese uvas, ha dado uvas silvestres?

Os mostraré, pues, ahora lo que haré yo a mi viña: Le quitaré su vallado, y será consumida; aportillaré su cerca, y será hollada.
Haré que quede desierta; no será podada ni cavada, y crecerán el cardo y los espinos; y aun a las nubes mandaré que no derramen lluvia sobre ella.

Ciertamente la viña de Jehová de los ejércitos es la casa de Israel, y los hombres de Judá planta deliciosa suya. Esperaba juicio, y he aquí vileza; justicia, y he aquí clamor".

Isaías 5:1-7

41

ΠΕΧΕ·ⲓ̄ⲥ	ⲭⲉ	ⲠⲈⲦ·ⲈⲨⲚ̄·Ⲧⲁ·ϥˋ	ϨⲚ̄·ⲦⲈϥˋ
Said Jesus	this:	he-who-has-it/he	in-his-

·ⲐⲒⲬ	ⲤⲈ·Ⲛⲁ·†	Ⲛⲁ·ϥˋ	ⲀⲨⲰ	ⲠⲈⲦⲈ·ⲘⲚ̄·Ⲧⲁ·ϥ	Π·ⲔⲈ·
-hand,	they-will-give	to-him,	> and	he-who-has-not(it),	the-other-

·ⲰⲎⲘ	ⲈⲦ·ⲞⲨⲚ̄·Ⲧⲁ·ϥˋ	ⲤⲈ·Ⲛⲁ·ϥⲒⲦ·ϥ̄	Ⲛ̄·ⲦⲞⲞⲦ·ϥˋ
-little-bit	which-has-he,	they-will-take-it(m)	from-his-hand.

Jesus said, "Whoever has something in his hand will receive more, and whoever has nothing will be deprived of even the little he has."

Jesús ha dicho: Quien tiene en su mano, a él se dará más. Y quien no tiene, se le quitará aún lo poco que tiene.

INTERPRETACIÓN:

Análogo a

Lucas 8:18

"Mirad, pues, cómo oís; porque a todo el que tiene, se le dará; y a todo el que no tiene, aun lo que piensa tener se le quitará."

(similares: *Mateo 13:12, Mateo 25:29, Marcos 4:25, Lucas 19:26*)

Lejos de ser un Dios injusto, Él es un padre amoroso que ve Su propio ADN en sus hijos. Fue Él quien nos dotó de abundancia, plenitud, y posibilidades en todo. Nos toca reconocer esa provisión inagotable dentro nuestro y no desvalorizarla con una mentalidad de carencias, límites, pereza, e indiferencia. Eso nos ciega a la provisión de Dios en nuestras vidas.

Por el contrario, saber administrar todo lo que Él depositó en nosotros nos habilita para recibir aún más.

El que no sabe dar, es un mal administrador de los recursos de Dios, por esa causa se le quitará para dárselo a quien tiene la capacidad administrativa de Reino.

42

ΠЄΧЄ·Ⲓ̄Ⲥ̄	ΧЄ	·ϢⲰΠЄ	ЄⲦЄⲦⲚ̄·Ṗ·ΠⲀⲢⲀⲄЄ
Said Jesus	this:	come-into-being	as-you(pl)-pass-away.

Jesus said, "Become passers-by."

Jesús ha dicho: Haceos transeúntes.

INTERPRETACIÓN:

El Reino de Dios se encuentra sin afán alguno a lo visible y lo circunstancial. Nuestra victoria es saber que todo lo visible, está sujeto al Reino invisible de Dios y responde a la substancia de la fe, "de modo que lo que se ve fue hecho de lo que no se veía". (Hebreos 11:3)

Estas palabras acompañan a lo escrito en

2 Corintios 4:18

"no mirando nosotros las cosas que se ven, sino las que no se ven; pues las cosas que se ven son temporales, pero las que no se ven son eternas."

Convertirnos en transeúntes es tener la certeza que lo inconmovible y eterno rige sobre circunstancias y situaciones. De esa manera pasamos por ellas sin afán y sin alteración.

Esta fue la actitud de Abraham, quien teniéndolo todo en este mundo, vivió como extranjero.

Hebreos 11:8-10

"Por la fe Abraham, cuando fue llamado, obedeció para salir al lugar que había de recibir por herencia; y salió sin saber a dónde iba. Por la fe habitó como extranjero en la tierra prometida como en tierra ajena, viviendo en tiendas con Isaac y Jacob, los coherederos de la misma promesa, porque esperaba la ciudad que tiene cimientos, cuyo arquitecto y constructor es Dios."

43

ПЄХЄ·ⲓⲥ	ХЄ	·ϢⲰⲠЄ	ЄⲦЄⲦⲚ·ⲣ̄·ⲠⲀⲣⲀⲄЄ
Said Jesus	this:	come-into-being	as-you(pl)-pass-away.

ПЄХⲀ·Ⲩ	ⲚⲀ·ϥ̀	Ⲛ̄Ϭⲓ·ⲚЄϥ·ˋ·ⲘⲀⲐⲎⲦⲎⲤ	ХЄ	Ⲛ̄·ⲦⲀ·Ⲕ̀
Said-they	to-him,	viz-his- \ -disciples,	this:	You(sg)(are)

ⲚⲒⲘˋ	ЄⲔ·ХⲰ	Ⲛ̄·ⲚⲀⲒ̈	ⲚⲀ·Ⲛˋ	Ⳅ̄Ⲛ̄·ⲚЄⳁ·ХⲰ Ⲙ̄·
who,	that-you(sg)-speak	these(things)	to-us?	> In-those-which-I-speak

·ⲘⲞ·ⲞⲨ	ⲚⲎ·ⲦⲚ̄	Ⲛ̄ⲦЄⲦⲚ̄·ЄⲒⲘЄ	ⲀⲚ	ХЄ	ⲀⲚⲞ·Ⲕˋ
-them	to-you(pl),	()you(pl)-realize	not	that	I (am)

ⲚⲒⲘ	ⲀⲖⲖⲀ	Ⲛ̄·ⲦⲰ·ⲦⲚ̄	ⲀⲦЄⲦⲚ̄·ϢⲰⲠЄ	Ⲛ̄·ⲐЄ	Ⲛ̄·
who;	> Rather,	you(pl),	have-you(pl)-come-to-be	like	-

·ⲚⲒ·Ⲓ̈ⲞⲨⲆⲀⲒⲞⲤ	ХЄ	СЄ·ⲘЄ	Ⲙ̄·Ⲡ·ϢⲎⲚ	СЄ·ⲘⲞⲤ-
-those-Judeans,	for	they-love	the-tree,	they-ha-

-ⲦЄ	Ⲙ̄·ⲠЄϥ·ⲔⲀⲣⲠⲞⲤ	ⲀⲨⲰ	СЄ·ⲘЄ	Ⲙ̄·Ⲡ·ⲔⲀⲣⲠⲞⲤ
-te	his-fruit,	and	they-love	the-fruit,

СЄ·ⲘⲞⲤⲦЄ	Ⲙ̄·Ⲡ·ϢⲎⲚ
they-hate	the-tree.

His disciples said to him, "Who are you, that you should say these things to us?" <Jesus said to them,> "You do not realize who I am from what I say to you, but you have become like the Jews, for they (either) love the tree and hate its fruit (or) love the fruit and hate the tree."

Sus discípulos le dicen: ¿quién eres?, por cuanto nos dices estas cosas. Jesús les dice:

De lo que os digo no conocéis quien soy, sino os habéis hecho como los judíos, pues aman el árbol mas odian su fruto, y aman el fruto mas odian el árbol.

INTERPRETACIÓN:

Jesús se refiere a la hipocresía de los fariseos. Advierte a sus discípulos de no caer en ella. Dejando en claro que recibirlo es recibir sus palabras. Jesús es el árbol y su fruto es la justicia que es por la fe, la vida de milagros y la abundancia del cielo.

Por otro lado los Judíos de su tiempo decían amar a Dios, pero odiaban a su Hijo.

44

ⲡⲉⲝⲉ·ⲓⲥ ⲝⲉ ⲡⲉⲧⲁ·ⲝⲉ·
Said Jesus this: whoever-tells-
·ⲟⲩⲁ ⲁ·ⲡ·ⲉⲓⲱⲧ` ⲥⲉ·ⲛⲁ·ⲕⲱ ⲉⲃⲟⲗ ⲛⲁ·ϥ` ⲁⲩⲱ
-one to-the-father, they-will-leave off to-him, > and
ⲡⲉⲧⲁ·ⲝⲉ·ⲟⲩⲁ ⲉ·ⲡ·ϣⲏⲣⲉ ⲥⲉ·ⲛⲁ·ⲕⲱ ⲉⲃⲟⲗ
whoever-tells-one to-the-son, they-will-leave off
ⲛⲁ·ϥ` ⲡⲉⲧⲁ·ⲝⲉ·ⲟⲩⲁ ⲇⲉ ⲁ·ⲡ·ⲡⲛⲁ ⲉⲧ·ⲟⲩⲁⲁⲃ
to-him; > whoever-tells-one, hwvr, to-the-spirit which-is-holy,
ⲥⲉ·ⲛⲁ·ⲕⲱ ⲁⲛ ⲉⲃⲟⲗ ⲛⲁ·ϥ` ⲟⲩⲧⲉ ϩⲙ·ⲡ·ⲕⲁϩ
they-will-leave not off to-him, n/nor on-the-earth
ⲟⲩⲧⲉ ϩⲛ·ⲧ·ⲡⲉ
n/nor in-the-sky.

Jesus said, "Whoever blasphemes against the father will be forgiven, and whoever blasphemes against the son will be forgiven, but whoever blasphemes against the holy spirit will not be forgiven either on earth or in heaven."

Jesús ha dicho: Quien maldice al Padre, se le perdonará. Y quien maldice al Hijo, se le perdonará. Pero quien maldice al Espíritu Santo, no se le perdonará, ni en la tierra ni en el Cielo.

INTERPRETACIÓN:

Este pasaje es análogo a

Marcos 3:28-29

"De cierto les digo que a los hijos de los hombres les serán perdonados todos los pecados y blasfemias, cualesquiera que sean. pero cualquiera que blasfeme contra el Espíritu Santo, no tiene jamás perdón, sino que es reo de juicio eterno."

45

ΠΕΧΕ·ΙΣ <> ΜΑΥ·ΧΕΛΕ·ΕΛΟΟ-
Said Jesus (this) do-not-they-harvest-grap-

-ΛΕ   ΕΒΟΛ   2Ν·ϢΟΝΤΕ   ΟΥΤΕ   ΜΑΥ·ΚΩΤϤ·
-es   out   of-thorns   -nor   do-not-they-gather-

·ΚΝΤΕ   ΕΒΟΛ   2Ν·ΣΡ·ϬΑΜΟΥΛ`   ΜΑΥ·Τ·ΚΑΡΠΟΣ
-figs   out   of-(thistles);   (for) do-not-they-give-fruit

[ΓΑΡ   ΟΥ·ΑΓΑ]ΘΟΣ   Ρ·ΡΩΜΕ   ϢΑϤ·ΕΙΝΕ   Ν·
(---). > A-good   man,   does-he-bring   -

·ΟΥ·ΑΓΑΘΟΝ   ΕΒΟΛ   2[Μ·]ΠΕϤ·Ε2Ο   ΟΥ·ΚΑ[ΚΟΣ]
-a-good-thing out   of-his-treasure; >   an-evil

Ρ·ΡΩΜΕ   ϢΑϤ·ΕΙΝΕ   Ν·2Ν·ΠΟΝΗΡΟΝ   ΕΒΟΛ
man,   does-he-bring   some-evil-things   out

2Μ·ΠΕϤ·Ε2Ο   ΕΘΟΟΥ   ΕΤ·2Ν·ΠΕϤ·2ΗΤ`   ΑΥ-
of-his-treasure which-is-wicked, which-is-in-his-mind,   an-

ω   ΝϤ·ΧΩ   Ν·2Ν·ΠΟΝΗΡΟΝ   ΕΒΟΛ   ΓΑΡ   2Μ·
-d ()he-speaks some-evil-things, > (for) out,   (---),   of-

·ΦΟΥΟ   Μ·ΦΗΤ`   ϢΑϤ·`·ΕΙΝΕ   ΕΒΟΛ   Ν·2Ν·ΠΟ-
-the-excess of-the-mind, does-he-\-bring out   some-evil-

-ΝΗΡΟΝ
-things.

Jesus said, "Grapes are not harvested from thorns, nor are figs gathered from thistles, for they do not produce fruit. A good man brings forth good from his storehouse; an evil man brings forth evil things from his evil storehouse, which is in his heart, and says evil things. For out of the abundance of the heart he brings forth evil things."

Jesús ha dicho: No se cosechan uvas de los espinos ni se recogen higos de las zarzas, pues no dan fruto. Una persona buena saca lo bueno de su tesoro. Una persona perversa saca la maldad de su tesoro malo que está en su corazón y habla opresivamente, pues de la abundancia del corazón saca la maldad.

Este pasaje es análogo a

❝ **Lucas 6:45**

"El hombre bueno, del buen tesoro de su corazón saca lo bueno; y el hombre malo, del mal tesoro de su corazón saca lo malo; porque de la abundancia del corazón habla la boca."

46

ПЄХЄ·ĪC	ХЄ	ХΙΝ·̄·ΑΔΑΜ	ϢΑ·ΪѠϨΑ⁻-
Said Jesus	this:	From-\-Adam,	upto-Johan-
-ΝΗC	**Π·ΒΑΠΤΙCΤΗC**	**ϨΝ̄·Ν̄·ХΠΟ**	**Ν·Ν·ϨΙΟΜЄ**
-nes	the-Baptist,	among-the-begotten	of-women,
ΜΝ̄·ΠЄΤ·ХΟСЄ		**Α·ΪѠϨΑΝΝΗC**	**Π·ΒΑΠΤΙ-**
no-one-who-is-raised-up		above-Johann	the-Bapti-
-СΤΗC	**ϢΙΝΑ ХЄ**	**Ν·ΟΥѠϬΠ̀**	**Ν̄ϬΙ·ΝЄϥ·ΒΑλ**
-st,	so that	to-break(lower)	viz-his-eyes;
ΑЄΙ·ХΟ·ΟС	**ΔЄ ХЄ**	**ΠЄΤ·ΝΑ·ϢѠΠЄ**	**ϨΝ̄·ΤΗΥ-**
I-spoke,	hwvr, this-	he-who-will-come-to-be	among-you-
-ΤΝ̄	**ЄϥΟ**	**Ν̄·ΚΟΥЄΙ**	**ϥ·ΝΑ·СΟΥѠΝ·Τ·ΜΝ̄ΤЄ-**
-(pl),	he-being	a-little-one,	he-will-know-the-kingd-
-ΡΟ	**ΑΥѠ**	**ϥ·ΝΑ·ХΙСЄ**	**Α·ΪѠϨΑΝΝΗC**
-om,	and	he-will-be-raised-up	above-Johann.

Jesus said, "Among those born of women, from Adam until John the Baptist, there is no one so superior to John the Baptist that his eyes should not be lowered (before him). Yet I have said, whichever one of you comes to be a child will be acquainted with the kingdom and will become superior to John."

Jesús ha dicho: Desde Adán hasta Juan Bautista, entre los nacidos de mujeres no hay ninguno mayor que Juan Bautista, para que sus ojos no se inclinen (ante nadie). No obstante, he dicho que quienquiera entre vosotros que se vuelva como niño, conocerá el Reino y será mayor que Juan.

INTERPRETACIÓN:

Este pasaje es análogo a

> **Mateo 11:11**
>
> "De cierto os digo, que no se levantó entre los que nacen de mujeres otro mayor que Juan el Bautista; mas el más pequeño en el reino de los cielos, mayor es que él."

De los niños es el Reino de los Cielos. Esa fe real y pura nos hace calificar para ser aún mayores que Juan. La simpleza de ser un niño deja a un lado la corrupción humana de querer ser exaltados.

Esta es una promesa extraordinaria, que cualquier pequeño en el Reino es mayor que todos los profetas.

47

ⲡⲉⲝⲉ·ⲓⲥ
Said Jesus

ⲝⲉ	ⲙⲛ·ϭⲟⲙ	ⲛⲧⲉ·ⲟⲩ·ⲣⲱⲙⲉ	·ⲧⲉⲗⲟ	ⲁ·ϩⲧⲟ
this:	no-way	can-a-man	climb	onto-horses

ⲥⲛⲁⲩ	ⲛϥ·ϫⲱⲗⲕ`	ⲙ·ⲡⲓⲧⲉ	·ⲥⲛⲧⲉ	ⲁⲩⲱ	ⲙⲛ·
two	&()-stretch	bows	-two(f),	> and	no-

·ϭⲟⲙ`	ⲛⲧⲉ·ⲟⲩ·ϩⲙϩⲁⲗ	·ϣⲙϣⲉ·ⲝⲟⲉⲓⲥ	·ⲥⲛⲁⲩ
-way	can-a-servant	serve-Lords	-two,

ⲏ	ϥ·ⲛⲁ·ⲣ·ⲧⲓⲙⲁ	ⲙ·ⲡ·ⲟⲩⲁ`	ⲁⲩⲱ	ⲡ·ⲕⲉ·ⲟⲩⲁ	ϥ·ⲛⲁ·
or	he-will-honor	the-one,	and	the-other-one,	he-will-

·ⲣ·ϩⲩⲃⲣⲓⲍⲉ	ⲙ·ⲙⲟ·ϥ`	ⲙⲁ·ⲣⲉ·ⲣⲱⲙⲉ	·ⲥⲉ·ⲡ·ⲁⲥ
-despise	him.	> No-man	drinks-wine-old,

ⲁⲩⲱ	ⲛ·ⲧ·ⲉⲩⲛⲟⲩ	ⲛϥ·`·ⲉⲡⲓⲑⲩⲙⲉⲓ	ⲁ·ⲥⲱ	ⲏⲡ·ⲡ`
and	immediately	(he)- \ -desires	to-drink	wine

ⲃ·ⲃⲣⲣⲉ	ⲁⲩⲱ	ⲙⲁⲩ·ⲛⲟⲩϫ·`·ⲏⲣⲡ`	ⲃ·ⲃⲣⲣⲉ	ⲉ·ⲁⲥ-
new.	> And	they-do-not-pour-\ -wine	new	(in)to-wine-

-ⲕⲟⲥ	ⲛ·ⲁⲥ	ϫⲉⲕⲁⲁⲥ	ⲛⲛⲟⲩ·ⲡⲱϩ	ⲁⲩⲱ	ⲙⲁⲩ·
-skins	old,	sothat	they-not-split(open).	And	do-not-they-

·ⲛⲉϫ·`·ⲏⲣⲡ`	ⲛ·ⲁⲥ	ⲉ·ⲁⲥⲕⲟⲥ	ⲃ·ⲃⲣⲣⲉ	ϣⲓⲛⲁ	ϫⲉ
-pour-\ -wine	old	into-wineskins	new,	so	that

ⲛⲉ·ϥ·ⲧⲉⲕⲁ·ϥ`	ⲙⲁⲩ·ⲝⲗϭ·ⲧⲟⲉⲓⲥ	ⲛ·ⲁⲥ	ⲁ·ϣⲧⲏ
he-destroy-him;	> they-do-not-sew-patches	old	to-garments

ⲛ·ϣⲁⲉⲓ	ⲉⲡⲉⲓ	ⲟⲩⲛ·ⲟⲩ·ⲡⲱϩ	·ⲛⲁ·ϣⲱⲡⲉ
new,	because	there()-a-split	will-come-into-being.

Jesus said, "It is impossible for a man to mount two horses or to stretch two bows. And it is impossible for a servant to serve two masters; otherwise, he willhonor the one and treat the other contemptuously. No man drinks old wine and immediately desires to drink new wine. And new wine is not put into old wineskins, lest they burst; nor is old wine put into a new wineskin, lest it spoil it. An old patch is not sewn into a new garment, because a tear would result."

Jesús ha dicho: Una persona no puede montar dos caballos ni tensar dos arcos, y un esclavo no puede servir a dos amos, de otra manera honrará a uno y ofenderá al otro. Nadie bebe vino añejo e inmediatamente quiere beber vino nuevo. Y no se pone vino nuevo en odres viejos, para que no se revienten. Y no se pone vino añejo en odres nuevos, para que no se vuelva ácido. No se cose remiendo viejo en ropa nueva, porque vendría un rasgón.

INTERPRETACIÓN:

Este pasaje es análogo a **Mateo 6:24**

> "Ninguno puede servir a dos señores; porque o aborrecerá al uno y amará al otro, o estimará al uno y menospreciará al otro. No podéis servir a Dios y a las riquezas."

También a **Mateo 9:16- 17**

> "Nadie pone remiendo de paño nuevo en vestido viejo; porque tal remiendo tira del vestido, y se hace peor la rotura. Ni echan vino nuevo en odres viejos; de otra manera los odres se rompen, y el vino se derrama, y los odres se pierden; pero echan el vino nuevo en odres nuevos, y lo uno y lo otro se conservan juntamente."

48

ΠΕΧΕ·ΙΣ	ΧΕ	ΕΡϢΑ·ϹΝΑΥ	·Ρ·ΕΙΡΗΝΗ	ΜΝ·
Said Jesus	this:	should-two	make-peace	with-

·ΝΟΥ·ΕΡΗΥ	ϨΜ·ΠΕΙ·ΗΕΙ	ΟΥϢΤ`	ϹΕ·ΝΑ·ΧΟ·ΟϹ
-each-other	in-this-house	alone,	they-will-speak

Μ·Π·ΤΑΥ	ΧΕ	·ΠϢϢΝΕ	ΕΒΟΛ	ΑΥϢ	Ϥ·ΝΑ·ΠϢ-
to-the(mountain?)	this-	"Move	away",	and	he-will-m-

-ϢΝΕ
-ove.

Jesus said, "If two make peace with each other in this one house, they will say to the mountain, 'Move away,' and it will move away."

Jesús ha dicho: Si dos hacen la paz entre sí dentro de esta misma casa, dirán a la montaña, "¡Muévete!" y se moverá.

INTERPRETACIÓN:

Este pasaje es análogo a

> ### Mateo 17:20
>
> "Jesús les dijo: Por vuestra poca fe; porque de cierto os digo, que si tuviereis fe como un grano de mostaza, diréis a este monte: Pásate de aquí allá, y se pasará; y nada os será imposible."

Aquí hay una verdad fundamental: el poder de la unidad. Tanto dentro de uno mismo, unidos en mente y corazón con el Espíritu de Dios, así como siendo un cuerpo unido de creyentes. Es en esa unidad, donde está el verdadero poder para remover toda montaña de oscuridad.

49

ΠΕΧΕ·ΙC	ΧΕ	ΕΡΩΑ·CΝΑΥ	·Ρ·ΕΙΡΗΝΗ	ΜΝ·
Said Jesus	this:	should-two	make-peace	with-

·ΝΟΥ·ΕΡΗΥ	₂Μ·ΠΕΙ·ΗΕΙ	ΟΥΩΤ`	CΕ·ΝΑ·ΧΟ·ΟC
-each-other	in-this-house	alone,	they-will-speak

Μ·Π·ΤΑΥ	ΧΕ	·ΠΩΩΝΕ	ΕΒΟΛ	ΑΥΩ	Ϥ·ΝΑ·ΠΩ-
to-the(mountain?)	this-	"Move	away",	and	he-will-m-

-ΩΝΕ
-ove.

Jesus said, "Blessed are the solitary and elect, for you will find the kingdom. For you are from it, and to it you will return."

Jesús ha dicho: Benditos sean los solitarios y escogidos porque encontraréis el Reino. Habéis procedido de él, y a él volveréis.

INTERPRETACIÓN:

Esta misma bienaventuranza se encuentra en la descripción de aquellos ejemplos de fe en

Hebreos 11:38

"¡El mundo no merecía gente así! Anduvieron sin rumbo por desiertos y montañas, por cuevas y cavernas."

El sello de la eternidad de Dios en nosotros nos lleva muchas veces por caminos poco transitados, y no comúnmente comprendidos. Pero ese motor que nos impulsa hacia las cosas eternas es imparable. Además, el sello de la santidad de Dios en nosotros nos aparta para Él mismo para encontrar nuestro lugar de origen y nuestro fin, ¡El Reino de los Cielos!

50

ⲡⲉϫⲉ·ⲓ̅ⲥ̅
Said Jesus
ϫⲉ ⲉⲩ·ϣⲁⲛ·ϫⲟ·ⲟⲥ ⲛⲏ·ⲧⲛ̅ ϫⲉ ⲛ̅ⲧⲁ-
this: If-they-should-speak to-you(pl) this- "Have-
-ⲧⲉⲧⲛ̅·ϣⲱⲡⲉ ⲉⲃⲟⲗ ⲧⲱⲛ ·ϫⲟ·ⲟⲥ ⲛⲁ·ⲩ
-you(pl)-come-into-being out (of) where?" Speak to-them
ϫⲉ ⲛ̅ⲧⲁⲛ·ⲉⲓ ⲉⲃⲟⲗ ϩⲙ̅·ⲡ·ⲟⲩⲟⲉⲓⲛ ⲡ·ⲙⲁ
this- "We-have-come out of-the-light, the-place
ⲉⲛⲧⲁ·ⲡ·ⲟⲩⲟⲉⲓⲛ ·ϣⲱⲡⲉ ⲙ̅·ⲙⲁⲩ ⲉⲃⲟⲗ
which-the-light came-into-being there, outward
ϩⲓ·ⲧⲟⲟⲧ·ϥ` ⲟⲩⲁⲁⲧ·ϥ` ⲁϥ·ⲱ[ϩⲉ ⲉ·ⲣⲁⲧ·ϥ̅]
by-his-hand himself; he-stood to-his-feet,

[ⲁ]ⲩⲱ ⲁϥ·ⲟⲩⲱ[ⲛϩ] [ⲉⲃ]ⲟⲗ [ϩ]ⲛ̅·ⲧⲟⲩ·ϩⲓⲕⲱⲛ ⲉⲩ·
and he-appeared forth in-their-image." > If-they-
·ϣⲁ·ϫⲟ·ⲟⲥ ⲛⲏ·ⲧⲛ̅ ϫⲉ ⲛ̅·ⲧⲱ·ⲧⲛ̅ ⲡⲉ ·ϫⲟ·ⲟⲥ
-should-speak to-you(pl) this- "You(pl) are (him)? ", speak
ϫⲉ ⲁⲛⲟ·ⲛ ⲛⲉϥ·ϣⲏⲣⲉ ⲁⲩⲱ ⲁⲛⲟ·ⲛ ⲛ̅·ⲥⲱⲧⲡ`
this- " We (are) his-sons, and we (are) the-chosen
ⲙ̅·ⲡ·ⲉⲓⲱⲧ` ⲉⲧ·ⲟⲛϩ ⲉⲩ·ϣⲁⲛ·ϫⲛⲉ·ⲧⲏⲩⲧⲛ̅
of-the-father who-lives." > If-they-should-ask-yourselves
ϫⲉ ⲟⲩ ⲡⲉ ⲡ·ⲙⲁⲉⲓⲛ ⲙ̅·ⲡⲉⲧⲛ̅·ⲉⲓⲱⲧ` ⲉⲧ·ϩⲛ̅·
this: "What is the-sign of-your(pl)-father which-is-in-
·ⲧⲏⲩⲧⲛ̅ ·ϫⲟ·ⲟⲥ ⲉⲣⲟ·ⲟⲩ ϫⲉ ⲟⲩ·ⲕⲓⲙ ⲡⲉ ⲙⲛ̅·
-yourselves?", speak to-them this- "A-movement it-is, and-
·ⲟⲩ·ⲁⲛⲁⲡⲁⲩⲥⲓⲥ
-a-repose."

Jesus said, "If they say to you, 'Where did you come from?', say to them, 'We came from the light, the place where the light came into being on its own accord and established [itself] and became manifest through their image.' If they say to you, 'Is it you?' say, 'We are its children, and we are the elect of the living father.' If they ask you, 'What is the sign of your father in you?', say to them, 'It is movement and repose.' "

Jesús ha dicho: Si os dicen "¿De donde venís?", decidles "Hemos venido de la luz, el lugar donde la luz se ha originado por sí misma, él se puso de pie y se reveló en las imágenes de ellos." Si os dicen "¿Quiénes sois?", decid "Somos los Hijos de Él y somos los escogidos del Padre viviente." Si os preguntan "¿Cuál es el signo en vosotros de vuestro Padre?", decidles "Es movimiento con reposo."

INTERPRETACIÓN:

De Él venimos, de su esencia divina de vida: su Luz. Él irradia nuestro espíritu con su Luz para poder conocerlo.

Él es nuestro Padre, de quien tomamos toda identidad. Nos escogió antes que el mundo fuese.

Su Reino es ilimitado en posibilidades, está en movimiento; su voz constantemente hablando, su creación creando, su corazón amando, su perdón perdonando, su luz irradiando. Su reposo es la promesa de su movimiento continuo y gobierno. Podemos entrar y descansar en Él. Esta misma dinámica vive en nosotros al pertenecerle.

51

		ΠⲈⲬⲀ·Ⲩ	ⲚⲀ·Ϥ	Ñ6Ⲓ·ⲚⲈϤ·ⲘⲀ-
		> Said-they	to-him,	viz-his-di-
-ⲐⲎⲦⲎⲤ	ⲬⲈ	ⲀⲰ Ñ·ⲞⲞⲨ	Ⲉ·Ⲧ·ⲀⲚⲀⲠⲀⲨⲤⲓⲤ	Ñ·
-sciples,	this:	which day	is-the-repose	of-
·ⲚⲈⲦ·ⲘⲞⲞⲨⲦ`	·ⲚⲀ·ⲰⲰⲠⲈ		ⲀⲨⲰ ⲀⲰ Ñ·ⲞⲞⲨ	
-those-who-are-dead	coming-into-being?		And which day	
Ⲉ·Π·ⲔⲞⲤⲘⲞⲤ	Ⲃ·ⲂⲢⲢⲈ	·ⲚⲎⲨ		
is-the-world	new	coming?		

His disciples said to him, "When will the repose of the dead come about, and when will the new world come?" He said to them, "What you look forward to has already come, but you do not recognize it."

Sus discípulos le dicen: ¿Cuándo sucederá el reposo de los muertos, y cuándo vendrá el mundo nuevo?

El les dice: Lo que buscáis ya ha llegado, pero no lo conocéis.

INTERPRETACIÓN:

Básicamente los discípulos están preguntándole a Jesús, quién es la Resurrección y quién es el mundo nuevo (el siglo que habría de venir con un pacto mejor.)

Él es la resurrección de los muertos, Él es el mundo nuevo. Es una persona, no una teoría teológica.

52

ⲡⲉⲭⲁ·ⲩ
Said-they
ⲛⲁ·ϥ   ⲛ̄ϭⲓ·ⲛⲉϥ·ⲙⲁⲑⲏⲧⲏⲥ   ⲭⲉ   ⲭⲟⲩⲧ·ⲁϥⲧⲉ
to-him,   viz-his-disciples,   this: Twenty-four
ⲙ̄·ⲡⲣⲟⲫⲏⲧⲏⲥ   ⲁⲩ·ϣⲁⲭⲉ   ϩⲙ̄·ⲡ·ⲓⲥⲣⲁⲏⲗ`
prophets,   they-spoke   in-Israel,
ⲁⲩⲱ   ⲁⲩ·ϣⲁⲭⲉ   ⲧⲏⲣ·ⲟⲩ   ϩⲣⲁⲓ̈   ⲛ̄·ϩⲏⲧ·ⲕ`    ⲡⲉ`
and   they-spoke,   allofthem,   down   in-you(sg). > Sa-
-ⲭⲁ·ϥ   ⲛⲁ·ⲩ   ⲭⲉ   ⲁⲧⲉⲧⲛ̄·ⲕⲱ   ⲙ̄·ⲡⲉⲧ·ⲟⲛϩ   ⲙ̄·ⲡⲉ-
-id-he   to-them   this: you(pl)-have-left   he-who-lives   in-your-
-ⲧⲛ̄·ⲙ̄ⲧⲟ   ⲉⲃⲟⲗ ⲁⲩⲱ   ⲁⲧⲉⲧⲛ̄·ϣⲁⲭⲉ   ϩⲁ·ⲛⲉⲧ·
-(pl)-presence (   ), and   you(pl)-spoke about-those-who-are-
·ⲙⲟⲟⲩⲧ`
-dead.

His disciples said to him, "Twenty-four prophets spoke in Israel, and all of them spoke in you." He said to them, "You have omitted the one living in your presence and have spoken (only) of the dead."

Sus discípulos le dicen: Veinticuatro profetas proclamaron en Israel, y todos hablaban dentro de ti. El les dice: Habéis ignorado a aquel que vive y está delante de vuestra presencia y habéis hablado (tan solo) de los muertos.

Este pasaje hace referencia a

1 Pedro 1: 10

"Los profetas que profetizaron de la gracia destinada a vosotros, inquirieron y diligentemente indagaron acerca de esta salvación, escudriñando qué persona y qué tiempo indicaba el Espíritu de Cristo que estaba en ellos, el cual anunciaba de antemano los sufrimientos de Cristo, y las glorias que vendrían tras ellos."

Los profetas estaban dentro del mismo espíritu de Cristo, desde ahí salía esa anunciación del conocimiento de Jesus, quien vendría y cumpliría cada palabra que salió de Él mismo.

Jesús les está diciendo que Él es la palabra viva delante de ellos. Todos los demás ya habían muerto.

53

ΠΕΧΑ·Υ ΝΑ·Ϥ Ν̄ϬΙ·ΝΕϤ·ΜΑΘΗΤΗⲤ
Said-they   to-him,   viz-his-disciples,

ΧΕ Π·ⲤⲂ̄ⲂⲈ ·Ⲣ̄·ⲰϤⲈⲖⲈⲒ Η Ⲙ̄·ⲘⲞ·Ν ΠⲈⲬⲀ·Ϥ`
this: (Is) circumcision   beneficial   or (not) to-us?   >   Said-he

ΝΑ·Υ ΧⲈ ΝⲈϤ·Ⲣ̄·ⲰϤⲈⲖⲈⲒ ΝⲈ·ΠⲞΥ·ⲈⲒⲰⲦ` ·ΝⲀ·
to-them this: If-he-were-beneficial,   their-father   (would)-

·ⲬΠⲞ·ⲞΥ ⲈⲂⲞⲖ Ⲉ̄Ν·ΤⲞΥ·ΜⲀⲀΥ ⲈΥ·ⲤⲂ̄ⲂΗΥ
-beget-them   out   of-their-mother   (already) ()circumcised.

ⲀⲖⲖⲀ Π·ⲤⲂ̄ⲂⲈ Ⲙ̄·ⲘⲈ Ⲉ̄Ⲙ·ΠⲚⲀ ⲀϤ·Ϭ̄Ν·Ⲉ̄Υ
Rather, circumcision   true   in-spirit,   (he)has-found-profit,

ΤΗⲢ·Ϥ`
all-of-it.

His disciples said to him, "Is circumcision beneficial or not?" He said to them, "If it were beneficial, their father wouldbeget them already circumcised from their mother. Rather, the true circumcision in spirit has become completely profitable."

Sus discípulos le dicen: ¿Es provechosa la circuncisión, o no?

Él les ha dicho: Si fuera provechosa, su padre los engendraría circuncidados de su madre. Sino que la verdadera circuncisión espiritual se ha hecho totalmente provechosa.

INTERPRETACIÓN:

Este pasaje es análogo a

> **1 Corintios 7:19**
> "La circuncisión nada es, y la

incircuncisión nada es, sino el guardar los mandamientos de Dios."

Colosenses 2:11

"En él también fuisteis circuncidados con circuncisión no hecha a mano, al echar de vosotros el cuerpo pecaminoso carnal, en la circuncisión de Cristo..."

54

ΠΕΧΕ·ΙC	ΧΕ	ϨΝ̄·ΜΑΚΑΡΙΟC	ΝΕ	Ν·ϨΗ-
Said Jesus	this:	()-blessed-ones	are	the-po-

-ΚΕ	ΧΕ	ΤѠ·ΤΝ̄	ΤΕ	Τ·Μ̄Ν̄ΤΕΡΟ·Ν·Μ̄·ΠΗΥΕ'
-or,	for	yours	is	the-kingdom-of(the)heaven(s).

Jesus said, "Blessed are the poor, for yours is the kingdom of heaven."

Jesús ha dicho: Benditos sean los pobres, pues vuestro es el Reino de los Cielos.

INTERPRETACIÓN:

Análogo a

Mateo 5:3

"Bienaventurados los pobres en espíritu, porque de ellos es el reino de los cielos."

55

	ⲬⲈ	ⲠⲈⲦⲀ·ⲘⲈⲤⲦⲈ·ⲠⲈϤ·`·ⲈⲓⲱⲦ`
	this:	Whoever-hates-his- \ -father

ⲀⲚ`	ⲘⲚ·ⲦⲈϤ·ⲘⲀⲀⲨ	Ϥ·ⲚⲀⲱ·Ⲣ·ⲘⲀⲐⲎⲦⲎⲤ	ⲀⲚ
not ,	and-his-mother,	he-can-become-disciple	not

ⲚⲀ·ⲈⲒ`	ⲀⲨⲱ	Ⲛϥ·ⲘⲈⲤⲦⲈ·ⲚⲈϤ·`·ⲤⲚⲎⲨ`	ⲘⲚ·
to-me,	> and	()()-hates-his- \-brothers	and-

·ⲚⲈϤ·ⲤⲰⲚⲈ	Ⲛϥ·ϤⲈⲒ	Ⲙ·ⲠⲈϤ·Ⲥ·ⲣⲟⲥ	Ⲛ·ⲦⲀ·ⲌⲈ
-his-sisters,	&()-take	his-cross	in-my-way,

ϥ·ⲚⲀ·ϢⲰⲠⲈ	ⲀⲚ	ⲈϤ·ⲟ	Ⲛ·ⲀⲌ̄Ⲓⲟⲥ	ⲚⲀ·Ⲓ
he-will-come-to-be	not	()being	deserving	to-me.

Jesus said, "Whoever does not hate his father and his mother cannot become a disciple to me. And whoever does not hate his brothers and sisters and take up his cross in my way will not be worthy of me."

Jesús ha dicho: Quien no odia a su padre y a su madre, no podrá hacerse mi discípulo. Y quien no odia a sus hermanos y a sus hermanas y no levanta su cruz a mi manera, no se hará digno de mí.

INTERPRETACIÓN:

Este pasaje es análogo a

❝ **Lucas 14:26**

"Si alguno viene a mí, y no aborrece a su padre, y madre, y mujer, e hijos, y hermanos, y hermanas, y aun también su propia vida, no puede ser mi discípulo."

Ser un discípulo de Jesús implica el poder dejar todo atrás con el fin de seguirlo a Él, siendo Él la prioridad y dejando atrás cualquier impedimento que venga de otras cosas.

56

ΠΕΧΕ·ΙC	ΧΕ	ΠΕΤΑ2·COΥШΝ·Π·ΚΟCΜΟΣ	ΑЧ·
Said Jesus	this:	Whoever-has-known-the-world,	did-he`

·2Ε	Ε·Υ·ΠΤШΜΑ	ΑΥШ	ΠΕΝΤΑ2·2Ε	Ε·Α·ΠΤШ-
-fall	on-a-corpse,	> and	whoever-has-fallen	upon-a?-corp-

-ΜΑ	Π·ΚΟCΜΟΣ	·ΜΠШΑ	Μ·ΜΟ·Ч	ΑΝ
-se,	the-world	be-worthy	of-him	not.

Jesus said, "Whoever has come to understand the world has found (only) a corpse, and whoever has found a corpse is superior to the world."

Jesús ha dicho: Quien ha conocido el sistema, ha encontrado un cadáver y quien ha encontrado un cadáver, de él no es digno el sistema.

INTERPRETACIÓN

El sistema o el mundo está desapegado de Dios como fuente de vida y por lo tanto no tiene el poder de producirla. Su sustancia es muerte, es un cadáver. A medida que Cristo en nosotros, su luz y su vida irradian en nuestro interior, somos hechos libres de esos caminos de muerte. Ese cadáver no es digno de aquellos en quienes obra la Resurrección y vida de Cristo.

57

ΠΕΧΕ·ΙC	ΧΕ	Τ·ΜΝΤΕΡΟ	Μ·Π·ΕΙωΤ`	ΕC·ΤΝΤω
Said Jesus	this:	the-kingdom	of-the-father,	she-compares

Α·Υ·ΡωΜΕ	ΕΥΝ·ΤΑ·Ϥ	Μ·ΜΑΥ	Ν·ΝΟΥ·6ΡΟ6
to-a-man	who-had-he	there	a-seed

[Ε·ΝΑΝΟΥ·]Ϥ`	Α·ΠΕϤ·ΧΑΧΕ	·ΕΙ	Ν·Τ·ΟΥϢΗ`
good() ;	> did-his-enemy	come	in-the-night;

ΑϤ·CΙΤΕ	Ν·ΟΥ·ΖΙΖΑΝΙ[ΟΝ	ΕΧ]Ν·ΠΕ·6ΡΟ[6	Ε]-
he-sowed	a-weed	upon-the-seed	which-

-Τ·ΝΑΝΟΥ·Ϥ`	ΜΠΕ·Π·ΡωΜΕ	·ΚΟΟ·Υ	Ε·2ωΛΕ
-was-good().	> Did-not-the-man	permit-them	to-pullup

Μ·Π·ΖΙΖΑΝΙΟΝ	ΠΕΧΑ·Ϥ	ΝΑ·Υ	ΧΕ	ΜΗΠωC
the-weed.	Said-he	to-them	this:	So-that-not

ΝΤΕΤΝ·ΒωΚ`	ΧΕ	ΕΝΑ·2ωΛΕ	Μ·Π·ΖΙΖΑΝΙΟ
&-you(pl)-go	for	to-pullup(?)	the-weed

ΝΤΕΤΝ·2ωΛΕ	Μ·Π·CΟΥΟ	ΝΜΜΑ·Ϥ`	2Μ·ΦΟ-
&-you(pl)-pullup	the-grain	with-him.	> (for) On-the-da-

-ΟΥ	ΓΑΡ	Μ·Π·ω2C	Ν·ΖΙΖΑΝΙΟΝ	·ΝΑ·ΟΥωΝ2
-y,	(---),	of-the-harvest,	the-weeds	will-appear

ΕΒΟΛ`	CΕ·2ΟΛ·ΟΥ	ΝCΕ·ΡΟΚ2·ΟΥ
forth;	they-pull-them-up	&-()-burn-them.

Jesus said, "The kingdom of the father is like a man who had [good] seed. His enemy came by night and sowed weeds among the good seed. The man did not allow them to pull up the weeds; he said to them, 'I am afraid that you will go intending

*to pull up the weeds and pull up the wheat along
with them.' For on the day of the harvest the weeds
will be plainly visible, and they will be pulled up
and burned."*

**Jesús ha dicho: El Reino del Padre se asemeja
a una persona que tiene semilla buena. Su
enemigo vino de noche, sembró una maleza
entre la semilla buena. El hombre no les
permitió arrancar la maleza, sino les dice:
Para que no salgáis diciendo, "Vamos a
arrancar la maleza", y arranquéis el trigo con
ella. Pues en el día de la cosecha aparecerá la
maleza, la arrancan y la queman.**

INTERPRETACIÓN:

Este dicho es análogo a

Mateo 13:24-30

"Les refirió otra parábola, diciendo:
El reino de los cielos es semejante a
un hombre que sembró buena semilla
en su campo; pero mientras dormían
los hombres, vino su enemigo y
sembró cizaña entre el trigo, y se fue.
Y cuando salió la hierba y dio fruto,
entonces apareció también la cizaña.
Vinieron entonces los siervos del
padre de familia y le dijeron: Señor, ¿no
sembraste buena semilla en tu campo?

¿De dónde, pues, tiene cizaña? Él les dijo: Un enemigo ha hecho esto. Y los siervos le dijeron: ¿Quieres, pues, que vayamos y la arranquemos? Él les dijo: No, no sea que al arrancar la cizaña, arranquéis también con ella el trigo. Dejad crecer juntamente lo uno y lo otro hasta la siega; y al tiempo de la siega yo diré a los segadores: Recoged primero la cizaña, y atadla en manojos para quemarla; pero recoged el trigo en mi granero."

58

				ΠΕΧΕ·ΙΣ
				Said Jesus
ΧΕ	ΟΥ·ΜΑΚΑΡΙΟΣ	ΠΕ	Π·ΡШΜΕ	ΝΤΑ2·2ΙΣΕ
this:	a-blessed-one	is	the-man	who-is-troubled;
ΑϤ·2Ε	Α·Π·ШΝ2			
he-fell	to(the)Life.			

Jesus said, "Blessed is the man who has suffered and found life."

Jesús ha dicho: "Bendita sea la persona que ha sufrido y ha encontrado la vida. "

INTERPRETACIÓN:

La fe es probada en fuego, esto la hace más valiosa que el oro.

Santiago 1:2-4

"Hermanos míos, tened por sumo gozo cuando os halléis en diversas pruebas, sabiendo que la prueba de vuestra fe produce paciencia. Mas tenga la paciencia su obra completa, para que seáis perfectos y cabales, sin que os falte cosa alguna".

Santiago 5:11

"Mirad que tenemos por bienaventu_ rados a los que sufrieron. Habéis oído de la paciencia de Job, y habéis visto el resultado del proceder del Señor, que el Señor es muy compasivo, y misericordioso".

Jesús es claro en sus palabras. Si el maestro fue perseguido, sus discípulos pueden esperar lo mismo, "Y seréis aborrecidos de todos por causa de mi nombre; mas el que persevere hasta el fin, éste será salvo."

59

ΠΕΧΕ·ΙC	ΧΕ	·ϬⲰϢΤ`	ⲚⲤⲀ·ΠΕ-
Said Jesus	this:	Look	after-he-

-Τ·ΟⲚ2	2ⲰC	ⲈⲦⲈⲦⲚ̄·ΟⲚ2	2ΙⲚⲀ	ΧⲈ	ⲚⲈⲦⲘ̄·ΜΟΥ
-who-lives	while	you(pl)-are-living,	lest	that	you(pl)-die,

ⲀΥⲰ	Ⲛ̄ⲦⲈⲦⲚ̄·ϢΙⲚⲈ	Ⲉ·ⲚⲀΥ	ⲈΡΟ·Ϥ	ⲀΥⲰ	ⲦⲈⲦⲚⲀϢ·
and	()you(pl)-seek	to-look	at-him,	and	you(pl)-can-

·ϬⲘ·ϬΟⲘ	ⲀⲚ
-find-power	not

Jesus said, "Take heed of the living one while you are alive, lest you die and seek to see him and be unable to do so."

Jesús ha dicho: Mirad al viviente mientras viváis, para que no muráis y tratéis de mirarlo sin poder ver.

INTERPRETACIÓN:

Jesús relaciona su reino de vida también con la vista, como sentido espiritual para verlo a Él. Antes de su muerte y resurrección, Él mismo anuncia a sus discípulos que lo verán a pesar de no ser visto más por el mundo. Aquí también expone cómo el ámbito de la muerte (mundo) implica también un adormecimiento espiritual e incapacidad de entrar en su Reino de Luz; vinculando así la muerte con no poder verlo.

No quitemos nuestra mirada de Jesús, para que no hallemos la muerte, y entonces queramos verlo y no podamos.

Isaías 55:6-7

"Buscad a Jehová mientras puede ser hallado, llamadle en tanto que está cercano. Deje el impío su camino, y el hombre inicuo sus pensamientos, y vuélvase a Jehová, el cual tendrá de él

misericordia, y al Dios nuestro, el cual
será amplio en perdonar."

60

ⲉ·ⲛⲁⲩ ⲁ·ⲩ·ⲥⲁⲙⲁⲣⲉⲓⲧⲏⲥ ⲉϥ·ϥⲓ ⲛ̄·
to-look(?) at-a-Samaritan taking -
·ⲛⲟⲩ·ϩⲓⲉⲓⲃ`  ⲉϥ·ⲃⲏⲕ` ⲉϩⲟⲩⲛ ⲉ·ⲑ̄ⲟⲩⲇⲁⲓⲁ ⲡⲉ-
-a-lamb, going in to-Judea. > Sa-
-ⲭⲁ·ϥ`  ⲛ̄·ⲛⲉϥ·`·ⲙⲁⲑⲏⲧⲏⲥ ϫⲉ ⲡⲏ ⲙ̄·ⲡ·ⲕⲱⲧⲉ
-id-he to-his- -disciples this: "That-one (is) (around)
ⲙ̄·ⲡⲉ·ϩⲓⲉⲓⲃ` ⲡⲉϫⲁ·ⲩ ⲛⲁ·ϥ ϫⲉⲕⲁⲁⲥ ⲉϥ·ⲛⲁ·
the-lamb." > Said-they to-him (this) "Sothat he-might-
·ⲙⲟⲟⲩⲧ·ϥ`  ⲛ̄ϥ·ⲟⲩⲟⲙ·ϥ` ⲡⲉϫⲁ·ϥ ⲛⲁ·ⲩ ϩⲱⲥ ⲉ-
-kill-him & -eat-him." > Said-he to-them (this) "While -
-ϥ·ⲟⲛϩ ϥ·ⲛⲁ·ⲟⲩⲟⲙ·ϥ` ⲁⲛ ⲁⲗⲗⲁ ⲉϥ·ϣⲁ·ⲙⲟ-
-he-is-living, he-will-eat-him not; Rather, if-he-should-ki-
-ⲟⲩⲧ·ϥ` ⲛ̄ϥ·ϣⲱⲡⲉ ⲛ̄·ⲟⲩ·ⲡⲧⲱⲙⲁ ⲡⲉϫⲁ·ⲩ
-ll-him &-he-come-to-be a-corpse." > Said-they
ϫⲉ ⲛ̄·ⲕⲉ·ⲥⲙⲟⲧ` ϥ·ⲛⲁϣ·ⲁ·ⲥ ⲁⲛ ⲡⲉϫⲁ·ϥ ⲛⲁ·ⲩ
this: "Another-way he-can-do not." > Said-he to-them
ϫⲉ ⲛ̄·ⲧⲱ·ⲧⲛ̄ ϩⲱⲧ·`·ⲑⲏⲩⲧⲛ̄ ·ϣⲓⲛⲉ ⲛ̄ⲥⲁ·ⲟⲩ·
this: "You(pl) also-\-yourselves seek after-a-
·ⲧⲟⲡⲟⲥ ⲛⲏ·ⲧⲛ̄ ⲉϩⲟⲩⲛ ⲉ·ⲩ·ⲁⲛⲁⲡⲁⲩⲥⲓⲥ
-place for-you(rselves) in a-repose,
ϫⲉⲕⲁⲁⲥ ⲛ̄ⲛⲉⲧⲛ̄·ϣⲱⲡⲉ ⲙ̄·ⲡⲧⲱⲙⲁ ⲛ̄ⲥⲉ·
sothat not-you(pl)-come-to-be corpses &-they-
·ⲟⲩⲱⲙ·`·ⲑⲏⲩⲧⲛ̄
-eat-\ -yourselves."

*<They saw> a Samaritan carrying a lamb on his
way to Judea. He said to his disciples, "That man is
round about the lamb." They said to him, "So that
he may kill it and eat it." He said to them, "While
it is alive, he will not eat it, but only when he has*

killed it and it has become a corpse." They said to him, "He cannot do so otherwise." He said to them, "You too, look for a place for yourselves within repose, lest you become a corpse and be eaten."

Ven a un samaritano llevando un cordero, entrando en Judea.

Jesús les dice: ¿Por qué lleva consigo el cordero?

Le dicen: Para matarlo y comerlo.

Él les dice: Mientras esté vivo no lo comerá, sino solamente después que lo mate y se haya convertido en cadáver.

Dicen: De otra manera no podrá hacerlo.

Él les dice: Vosotros mismos, buscad un lugar para vosotros en el reposo, para que no os convirtáis en cadáveres y seáis comidos.

INTERPRETACIÓN:

A lo largo del texto, el término cadáver es utilizado para describir la condición de muerte del sistema.

La vida no le pertenece al sistema, ni puede contenerla. Éste busca devorarla. Los que son absorbidos por el sistema, están en el mismo estado de muerte.

Jesús nos habla de entrar en el reposo del Padre como solución.

61a

			OΥN·CNAΥ	·NA·M̄·	
			(this) There-are-two	will-r-	
-TON`	M̄·MAΥ	2I·OΥ·6λO6	Π·OΥA	·NA·MOΥ	Π·OΥ-
-est	there	on-a-bed;	the-one	will-die,	the-on-
-λ	·NA·ⲰN2	ΠЄ·ХЄ·CAλⲰMH		N̄TA·K`	NIM`
-e	will-live.				

Jesus said, "Two will rest on a bed: the one will die, and the other will live."

Jesús ha dicho: Dos descansarán en una cama, el uno morirá, el otro vivirá.

INTERPRETACIÓN:

Análogo a

Lucas 17:34

"Os digo que en aquella noche estarán dos en una cama; el uno será tomado, y el otro será dejado."

61b

ⲡⲉϫⲉ·ⲥⲁⲗⲱⲙⲏ   ⲚⲦⲀ·Ⲕˋ   ⲚⲒⲙˋ
Said-Salome   (this) "You(sg) (are) who,

ⲡ·ⲢⲰⲘⲈ   ⲌⲰⲤ   ⲈⲂⲞⲖ   ⲌⲚ·ⲞⲨⲀ   ⲀⲔ·ⲦⲈⲖⲞ   ⲈⲬⲘ·
man?   As-if   out   of-one,   did-you(sg)-climb onto-

·ⲡⲀ·ϬⲖⲞϬ   ⲀⲨⲰ   ⲀⲔ·ˋⲞⲨⲰⲘ   ⲈⲂⲞⲖ   ⲌⲚ·ⲦⲀ·
-my-bed,   and   did-you(sg)- -eat   off   of-my-

·ⲦⲢⲀⲠⲈⲌⲀ   ⲡⲉϫⲉ·ⲓ̅ⲥ̅   ⲚⲀ·Ⲥ   ⲬⲈ   ⲀⲚⲞ·Ⲕˋ   ⲠⲈ
-table."   Said Jesus   to-her   this: " I   am

ⲠⲈⲦ·ϢⲞⲞⲠˋ   ⲈⲂⲞⲖ   ⲌⲘ·ⲠⲈⲦ·ˋϢⲎϢ   ⲀⲨ·Ⲧ
he-who-exists   out   of-he-who-\-is-equal;   they-gave

ⲚⲀ·ⲈⲒ   ⲈⲂⲞⲖ   ⲌⲚ·ⲚⲀ·ⲠⲀ·ⲈⲒⲰⲦˋ   ⲀⲚⲞ·Ⲕˋ   ⲦⲈⲔ·ˋ
to-me   out   of-that-of-my-father." > I (am)   your(sg)-

·ⲘⲀⲐⲎⲦⲎⲤ   ⲈⲦⲂⲈ·ⲠⲀⲈⲒ   Ⲧ·ⲬⲰ   Ⲙ̅·ⲘⲞ·Ⲥ   ⲬⲈ
-disciple.   Because-of-this,   I-speak   ( )   this:

ⲌⲞⲦⲀⲚ   ⲈϤ·ϢⲀ·ϢⲰⲠⲈ   ⲈϤ·ϢⲎϤˋ   Ϥ·ⲚⲀ·ⲘⲞⲨⲌ
when   he-should-come-to-be   ()destroyed,   he-will-be-full

ⲞⲨⲞⲈⲒⲚ   ⲌⲞⲦⲀⲚ   ⲆⲈ   ⲈϤ·ϢⲀⲚ·ϢⲰⲠⲈ   ⲈϤ·
(of?)light;   when,   hwvr,   he-should-come-to-be

·ⲠⲎϢ   Ϥ·ⲚⲀ·ⲘⲞⲨⲌ   Ⲛ̅·ⲔⲀⲔⲈ
-divided,   he-will-be-full   of-darkness.

Salome says: "Who art thou, man; from whom hast thou <come forth,> that thou shouldst lie on my couch and eat at my table?" Jesus says to her: "I am he who has been brought into being by Him who is equal <to me:> I have been given what belongs to my Father!"—"I am thy disciple!" Because of that, I say this: When <a person> finds himself solitary, he will be full of light; but when he finds himself divided, he will be full of darkness.

Salomé dice: ¿Quién eres tú, hombre? Como mandado por alguien, te tendiste en mi cama y comiste de mi mesa.

Jesús le ha dicho: Soy quien viene de la igualdad. A mí se me han dado las cosas de mi Padre.

Salomé dice: Soy tu discípula.

Jesús le dice: Por eso yo digo que cuando alguien iguale se llenará de luz, pero cuando se divida se llenará de oscuridad.

INTERPRETACIÓN:

Los temas de este verso son la división y la unidad.

Este pasaje se entiende en el contexto copto, en el cual alguien importante o un gran amigo se recostaba en un sofá o reclinatorio propio del lugar donde se comía. Salomé - desconocemos quién pudo haber sido - le pregunta a Jesús sobre quién es Él, que con tanta familiaridad se sienta a su mesa (algunas traducciones escriben sofá en lugar de cama).

Jesús, quién detecta la separación que Salomé hace al tratarlo casi como intruso, le contesta desde la esencia de la Igualdad. Él mismo es uno, Elohim.

Este versículo nos habla de la unicidad, de hacernos uno con Él, y solo así nos llenaremos de la luz de su resurrección. Cuando estamos en separación, estamos en estado de muerte.

62

			ΠЄΧЄ·ĪC	ΧЄ	ЄI·
			Said Jesus		this: I-
·ΧШ	Ñ·ΝΑ·ΜΥCΤΗΡΙΟΝ	Ñ·Ν[ЄΤ·Μ̄ΠШΑ			Ñ·]
-speak	of-my-mysteries	to-those-worthy			of-
[·ΝΑ·Μ]ΥCΤΗΡΙΟΝ	ΠЄ[Τ]Є·ΤЄΚ·ⲞΥΝΑΜ		·ΝΑ·Α·ϥ		
my-mysteries.	> That-which-your(sg)-\ -right		will-do(),		
Μ̄ΝΤΡЄ·ΤЄΚ·2ΒΟΥΡ`	·ЄΙΜЄ	ΧЄ	ЄC·Ρ·ΟΥ		
let-not-your(sg)-left	realize	that	she-is-what.		

Jesus said, "It is to those [who are worthy of my] mysteries that I tell my mysteries. Do not let your (sg.) left hand know what your (sg.) right hand is doing."

Jesús ha dicho: Yo comunico mis misterios a quienes son dignos de mis misterios. No dejes que tu mano izquierda sepa lo que hace tu derecha.

INTERPRETACIÓN:

En Mateo 6 vemos las mismas palabras con respecto a la limosna. Él conoce quién es el buen administrador, digno de recibir sus misterios. Muchas de las revelaciones que Él nos da, son para nosotros y no para todo el mundo, otras son para el cuerpo. Sin embargo debemos guardarnos de no hacer alarde de lo que recibimos que es santo y precioso para Él.

Mateo 6:3

"Mas cuando tú des limosna, no sepa tu mano izquierda lo que hace tu mano derecha."

63

ΠΕΧΕ·ΙC
Said Jesus

ΧΕ	ΝΕΥΝ·ΟΥ·ΡΩΜΕ	Μ·ΠΛΟΥCΙΟC	ΕΥΝ·ΤΑ·Ч	Μ·
this:	There-was-a-man	of-wealth	who-had-he	-

·ΜΑΥ	Ν·2Α2	Ν·ΧΡΗΜΑ	ΠΕΧΑ·Ч	ΧΕ	†·ΝΑ·Ρ·ΧΡΩ	Ν·
-there	many	riches.	> Said-he	this:	"I-will-make-use	of-

·ΝΑ·ΧΡΗΜΑ	ΧΕΚΑΑC	Ε·ΕΙ·ΝΑ·ΧΟ	ΝΤΑ·ΩC2
-my-riches,	sothat	I-might-sow,	&()reap,

ΝΤΑ·ΤΩ6Ε	ΝΤΑ·ΜΟΥ2	Ν·ΝΑ·Ε2ΩΡ	Ν·ΚΑΡ‵
&()plant,	&()fill	my-treasurehouse	with-fru‵

·ΠΟC	ϢΙΝΑ	ΧΕ	Ν·Ι·Ρ·6ΡΩ2	Λ·ΛΑΑΥ	ΝΑΕΙ	ΝΕ
-it,	so	that	I-not-need	anything."	> These	were

ΝΕЧ·ΜΕΕΥΕ	ΕΡΟ·ΟΥ	2Μ·ΠΕЧ·2ΗΤ‵	ΑΥΩ	2Ν·
his-thoughts	about-them	in-his-mind;	and	in-

·Τ·ΟΥϢΗ	ΕΤ·Μ·ΜΑΥ	ΑЧ·ΜΟΥ	ΠΕΤ·ΕΥΜ·ΜΑΧΕ
-the-night	which-was-there,	he-died.	> He-who-has-ear(sic)

Μ·ΜΟ·Ч‵	ΜΑΡΕЧ·‵·CΩΤΜ
of-him	let-him- \ -listen.

Jesus said, "There was a rich man who had much money. He said, 'I shall put my money to use so that I may sow, reap, plant, and fill my storehouse with produce, with the result that I shall lack nothing.' Such were his intentions, but that same night he died. Let him who has ears hear."

Jesús ha dicho: Había una persona rica que tenía mucho dinero, y dijo: Voy a utilizar mi dinero para sembrar y cosechar y volver a sembrar, para llenar mis graneros con fruto para que nada me falte. Así pensaba en su corazón y aquella misma noche murió. Quien tiene oídos, ¡que oiga!

INTERPRETACIÓN:

Este verso es análogo a

Lucas 12:15-21

"Y les dijo: Mirad, y guardaos de toda avaricia; porque la vida del hombre no consiste en la abundancia de los bienes que posee. También les refirió una parábola, diciendo: La heredad de un hombre rico había producido mucho. Y él pensaba dentro de sí, diciendo: ¿Qué haré, porque no tengo dónde guardar mis frutos? Y dijo: Esto haré: derribaré mis graneros, y los edificaré mayores, y allí guardaré todos mis frutos y mis bienes; y diré a mi alma: Alma, muchos bienes tienes guardados para muchos años; repósate, come, bebe, regocíjate. Pero Dios le dijo: Necio, esta noche vienen a pedirte tu alma; y lo que has provisto, ¿de quién será? Así es el que hace para sí tesoro, y no es rico para con Dios".

Se refiere a que no perdamos el tiempo enfocados en lo material, la carne o el mundo. Más bien, enfoquémonos en el Espíritu que es el que da vida.

64a

ⲡⲉⲭⲉ·ⲓ̄ⲥ̄ ⲭⲉ ⲟⲩ·ⲣⲱ-
Said Jesus this: a-ma-

-ⲙⲉ ⲛⲉⲩⲛ̄·ⲧⲁ·ϥ·ϩⲛ̄·ϣⲙ̄ⲙⲟ ⲁⲩⲱ ⲛ̄ⲧⲁⲣⲉϥ·ⲥⲟⲃ-
-n was-having-he-some-visitors, and when-he-had-prepar-

-ⲧⲉ ⲙ̄·ⲡ·ⲇⲓⲡⲛⲟⲛ ⲁϥ·ⲭⲟⲟⲩ ⲙ̄·ⲡⲉϥ·ϩⲙ̄ϩⲁⲗ ϣⲓ-
-ed the-dinner, he-sent his-servant, so-

-ⲛⲁ ⲉϥ·ⲛⲁ·ⲧⲱϩⲙ ⲛ̄·ⲛ̄·ϣⲙ̄ⲙⲟⲉⲓ ⲁϥ·ⲃⲱⲕ` ⲙ̄·
-that he-might-call the-visitors. > Did-he-go to-

·ⲡ·ϣⲟⲣⲡ` ⲡⲉⲭⲁ·ϥ ⲛⲁ·ϥ` ⲭⲉ ⲡⲁ·ⲭⲟⲉⲓⲥ ·ⲧⲱϩⲙ̄
-the-first. > Said-he to-him this: "My-Lord calls

ⲙ̄·ⲙⲟ·ⲕ` ⲡⲉⲭⲁ·ϥ ⲭⲉ ⲟⲩⲛ̄·ⲧⲁ·ⲉⲓ·ϩⲛ̄·ϩⲟⲙⲧ`
you(sg)." Said-he this: "Have-I-some-money

ⲁ·ϩⲉⲛ·ⲉⲙⲡⲟⲣⲟⲥ ⲥⲉ·ⲛ̄ⲛⲏⲩ ϣⲁⲣⲟ·ⲉⲓ ⲉ·ⲣⲟⲩϩⲉ
for-some-traders; they-are-coming upto-me (at?)evening;

ϯ·ⲛⲁ·ⲃⲱⲕ` ⲛ̄ⲧⲁ·ⲟⲩⲉϩ·ⲥⲁϩⲛⲉ ⲛⲁ·ⲩ ϯ·ⲣ̄·ⲡⲁⲣⲁⲓ-
I-will-go &()-place-orders to-them; I-beg-

-ⲧⲉⲓ ⲙ̄·ⲡ·ⲇⲓⲡⲛⲟⲛ ⲁϥ·ⲃⲱⲕ` ϣⲁ·ⲕⲉ·ⲟⲩⲁ ⲡⲉ-
-off the-dinner." > Did-he-go upto-another-one. Sa-

-ⲭⲁ·ϥ ⲛⲁ·ϥ` ⲭⲉ ⲁ·ⲡⲁ·ⲭⲟⲉⲓⲥ ·ⲧⲱϩⲙ̄ ⲙ̄·ⲙⲟ·ⲕ`
-id-he to-him this: "Did-my-Lord call you(sg)."

ⲡⲉⲭⲁ·ϥ ⲛⲁ·ϥ ⲭⲉ ⲁⲉⲓ·ⲧⲟⲟⲩ ⲟⲩ·ⲏⲉⲓ ⲁⲩⲱ ⲥⲉ·
Said-he to-him this: "I-have-bought a-house, and they-

·ⲣ̄·ⲁⲓⲧⲉⲓ ⲙ̄·ⲙⲟ·ⲉⲓ ⲛ̄·ⲟⲩ·ϩⲙⲉⲣⲁ ϯ·ⲛⲁ·ⲥⲣ̄ϥⲉ ⲁ
-require of-me a-days-time; I-will-be-at-rest not

ⲁϥ·ⲉⲓ ϣⲁ·ⲕⲉ·ⲟⲩⲁ ⲡⲉⲭⲁ·ϥ ⲛⲁ·ϥ` ⲭⲉ ⲡⲁ·ⲭⲟ-
He-came upto-another-one. Said-he to-him this: "My-Lo-

-ⲉⲓⲥ ·ⲧⲱϩⲙ̄ ⲙ̄·ⲙⲟ·ⲕ` ⲡⲉⲭⲁ·ϥ ⲛⲁ·ϥ ⲭⲉ ⲡⲁ·ϣⲃⲏⲣ
-rd _ calls you(sg)." > Said-he to-him this: "My-friend

·ΝΑ·Ρ̄·ϢΕΛΕΕΤ   ΑΥω   ΑΝΟ·Κˋ   ΕΤ·ΝΑ·Ρ̄·ΔΙΠΝΟΝ
-will-be-married   and   I,   who-will-make-dinner,
†·ΝΑϢ·Ι   ΑΝ   †·Ρ̄·ΠΑΡΑΙΤΕΙ   Μ̄·Π·ΔΙΠΝΟΝˋ   ΑϤ·ˋ
I-can-come   not;   I-beg-off   of-the-dinner."   > Did-he-
·ΒωΚˋ   ϢΑ·ΚΕ·ΟΥΑ   ΠΕΧΑ·Ϥ   ΝΑ·Ϥ   ΧΕ   ΠΑ·ΧΟΕΙC
-go   upto-another-one.   Said-he   to-him   this: " My-Lord
·Τω2Μ   Μ̄·ΜΟ·Κˋ   ΠΕΧΑ·Ϥ   ΝΑ·Ϥˋ   ΧΕ   ΑΕΙ·ΤΟΟΥ   Ν̄·
-calls   you(sg)."   > Said-he   to-him   this: "I-have-bought -
·ΟΥ·Κωͱ   Ε·ΕΙ·ΒΗΚˋ   Α·ΧΙ   Ν̄·ϢωͱΜ   †·ΝΑϢ·Ι
-a-farm;   I-am-going   to-take   the-taxes.   I-can-come
ΑΝ   †·Ρ̄·ΠΑΡΑΙΤΕΙ   ΑϤ·ΕΙ   Ν̄ΟΙ·Π·2Μ2ΑΛ   ΑϤ·ΧΟ·
not;   I-beg-off."   > He-came,   viz-the-servant,   he-spo-
·ΟC   Α·ΠΕϤ·ΧΟΕΙC   ΧΕ   ΝΕΝΤΑΚˋ·ΤΑ2Μ·ΟΥ   Α·
-ke   to-his-Lord   this- "Those-you(sg)-did-\-call-them   to-
·Π·ΔΙΠΝΟΝ   ΑΥ·ΠΑΡΑΙΤΕΙ   ΠΕΧΕ·Π·ΧΟΕΙC   Μ̄·
-the-dinner,   they-have-begged-off." >   Said-the-Lord   to-
·ΠΕϤ·2Μ2ΑΛ   ΧΕ   ·Βωͱˋ   Ε·Π·CΑ·Ν·ΒΟΛ   Α·Ν·210-
-his-servant   this: " Go   to-the-side-outer,   to-the-ro-
·ΟΥΕ   ΝΕΤ·Κ·ΝΑ·2Ε   ΕΡΟ·ΟΥ   ·ΕΝΙ·ΟΥ   ΧΕΚΑΑC
-ads; those-who-you(sg)-will-fall   on-them,   bring-them,   sothat
ΕΥ·ΝΑ·Ρ̄·ΔΙΠΝΕΙ
they-may-dine."

Jesus said, "A man had received visitors. And when he had prepared the dinner, he sent his servant to invite the guests. He went to the first one and said to him, 'My master invites you.' He said, 'I have claims against some merchants. They are coming to me this evening. I must go and give them my orders. I ask to be excused from the dinner.' He went to another and said to him, 'My master has invited you.' He said to him, 'I have just bought a house and am required for the day. I shall not have any spare time.' He went to another and said to him, 'My master invites you.' He said to him, 'My friend is going to get married, and I am to prepare the banquet. I shall not be able to come. I ask to be excused from the dinner.' He went to another and said to him, 'My master invites you.' He said to him, 'I have just bought a farm, and I am on my way to collect the rent. I shall not be able to come. I ask to be excused.' The servant returned and said to his master, 'Those whom you invited to the dinner have asked to be excused.' The master said to his servant, 'Go outside to the streets and bring back those whom you happen to meet, so that they may dine.'

Jesús ha dicho: Una persona tenía huéspedes. Y cuando había preparado el banquete, envió a su esclavo para convidar a los huéspedes.

Fue al primero, le dice: Te convida mi amo.

Respondió: Tengo unos negocios con unos mercaderes, vienen a mí por la tarde, iré para colocar mis órdenes con ellos, ruego ser excusado del banquete.

Fue a otro, le dice: Mi amo te ha convidado.

Le respondió: He comprado una casa y me exigen por un día, no tendré tiempo libre. Vino a otro, le dice: Mi amo te convida.

Le respondió: Mi compañero va a casarse y tengo que preparar un festín, no podré venir, ruego ser excusado del banquete.

Fue a otro, le dice: Mi amo te convida.

Le respondió: He comprado una villa, voy a cobrar el alquiler, no podré venir, ruego ser excusado.

Vino el esclavo, dijo a su amo: Los que usted ha convidado al banquete se han excusado a sí mismos.

Dijo el amo a su esclavo: Sal a los caminos, trae a quienquiera que encuentres, para que cenen.

INTERPRETACIÓN:

Análogo a **Mateo 22:1-10:**

" Tomando Jesús la palabra, les habló otra vez en parábolas, diciendo: El reino de los cielos puede compararse a un rey que hizo un banquete de bodas para su hijo. Y envió a sus siervos a llamar a los que habían sido invitados a las bodas, pero no quisieron venir. De nuevo envió otros siervos, diciendo: Decid a los que han sido invitados: «Ved, ya he preparado mi banquete; he matado mis novillos y animales cebados, y todo está aparejado; venid a las bodas». Pero ellos no hicieron caso y se fueron: uno a su campo, otro a sus negocios, y los demás, echando mano a los siervos, los maltrataron y los mataron. Entonces el rey se enfureció, y enviando sus ejércitos, destruyó a aquellos asesinos e incendió su ciudad. Luego dijo* a sus siervos: «La boda está preparada, pero los que fueron invitados no eran dignos. Id, por tanto, a las salidas de los caminos, e invitad a las bodas a cuantos encontréis».»

64b

N·PEq·TOOY   MN·N·EϣO-
The-buyers   and-the-trade-

-[TE EY·NA·BⲰK] AN` EϨOYN` E·N·TOⲠOC M·ⲠA·ÏⲰT`
-rs, they-may-go not in to-the-places of-my-father.

Businessmen and merchants [will] not enter the places of my father."

Y él ha dicho: Comerciantes y mercaderes no entrarán en los lugares de mi Padre.

INTERPRETACIÓN:

Este verso no se refiere a que un comerciante no puede ser salvo. Por supuesto que sí. A lo que se refiere Jesús es que hay una forma de ver los bienes de este mundo y cómo venderlos, que es muy diferente a todo un sistema de codicia y abuso comercial en el que se enfocan muchos negocios.

Por otro lado, el comercio es una empresa que demanda todo el involucramiento de una persona. Tanto que, la absorbe completamente por la cantidad de demandas y pormenores que esta requiere.

Los "lugares de mi Padre". Son dimensiones gloriosas a las que se entra por medio del reposo del ser interior, de la oración contemplativa y la adoración por el Espíritu. Estas cosas requieren tiempo y dedicación lo cual una persona demasiado enredada en el mundo del comercio difícilmente tendrá tiempo para este tipo de consagración.

A esto hace referencia el Apóstol Pablo cuando le habla a Timoteo del servicio al Señor.

2 Timoteo 2:4

"Ninguno que milita se enreda en los negocios de la vida"

65

ΠΕΧΑ·Ϥ ΧΕ ΟΥ·ΡѠΜΕ Ν̄·ΧΡΗ[ϹΤΟ]Ϲ ΝΕΥΝ̄·[·ΤΑ·Ϥ]
Said-he this: A-man of-justice was-having()

Ν̄·ΟΥ·ΜΑ Ν̄·ΕΛΟΟΛΕ ΑϤ·ΤΑΑ·Ϥ Ν̄·[Ϩ]Ν̄·ΟΥΟΕΙΕ
a-place of-grapes; he-gave-him to-some-tenants

ѠΙΝΑ ΕΥ·ΝΑ·Ρ̄·Ϩ²ѠΒ` ΕΡΟ·Ϥ` Ν̄Ϥ·ΧΙ [Μ̄·]ΠΕϤ·ΚΑΡ`
so they-might-do-work on-him, &-he-take his-fru\

-ΠΟϹ Ν̄·ΤΟΟΤ·ΟΥ ΑϤ·ΧΟΟΥ Μ̄·ΠΕϤ·Ϩ²ΜϨΑΛ ΧΕ-
-it from-their-hand. > He-sent his-servant, so·

-ΚΑΑϹ Ε·Ν·ΟΥΟΕΙΕ ·ΝΑ·† ΝΑ·Ϥ` Μ̄·Π·ΚΑΡΠΟϹ Μ̄·
-that the-tenants might-give to-him the-fruit of

·Π·ΜΑ Ν̄·ΕΛΟΟΛΕ ΑΥ·ΕΜΑϨΤΕ Μ̄·ΠΕϤ·Ϩ²ΜϨΑΛ
-the-place of-grapes. > They-grabbed his-servant;

ΑΥ·Ϩ²ΙΟΥΕ ΕΡΟ·Ϥ` ΝΕ·ΚΕ·ΚΟΥΕΙ ΠΕ Ν̄ϹΕ·ΜΟΟΥΤ·Ϥ`
they-beat him; had-another-little-bit been, &they-kill-him.

Α·Π·Ϩ²ΜϨΑΛ ·ΒѠΚ` ΑϤ·ΧΟ·ΟϹ Ε·ΠΕϤ·ΧΟΕΙϹ ΠΕ-
Did-the-servant go; he-spoke to-his-Lord. > Sa-

-ΧΕ·ΠΕϤ·ΧΟΕΙϹ ΧΕ ΜΕѠΑΚ` Μ̄ΠΕϤ·`·ϹΟΥѠ-
-id-his-Lord this: "Perhaps did-not-he(!)\-know-

-Ν·ΟΥ ΑϤ·ΧΟΟΥ Ν̄·ΚΕ·Ϩ²ΜϨΑΛ Α·Ν·ΟΥΟΕΙΕ ·Ϩ²Ι-
-them." > He-sent another-servant; did-the-tenants be-

-ΟΥΕ Ε·Π·ΚΕ·ΟΥΑ ΤΟΤΕ Α·Π·ΧΟΕΙϹ ·ΧΟΟΥ Μ̄·
-at the-other-one. > Then did-the-Lord send

·ΠΕϤ·ѠΗΡΕ ΠΕΧΑ·Ϥ` ΧΕ ΜΕѠΑΚ` ϹΕ·ΝΑ·ѠΙΠΕ
-his-son. Said-he this: "Perhaps they-will-be-ashamed

Ϩ²ΗΤ·Ϥ` Μ̄·ΠΑ·ѠΗΡΕ Α·Ν·`ΟΥΟΕΙΕ ΕΤ·Μ̄·ΜΑΥ ΕΠΕΙ
before-him, my-son." > Did-the\tenants who-were-there, because

ϹΕ·ϹΟΟΥΝ ΧΕ Ν̄·ΤΟ·Ϥ ΠΕ ΠΕ·ΚΛΗΡΟΝΟΜΟϹ
they-know that he is the-heir

Μ̄·Π·ΜΑ Ν̄·ΕΛΟΟΛΕ ΑΥ·ϬΟΠ·Ϥ` ΑΥ·ΜΟΟΥΤ·Ϥ`
of-the-place of-grapes, they-seized-him; they-killed-him.

ΠΕΤ·ΕΥΜ̄·ΜΑΑΧΕ Μ̄·ΜΟ·Ϥ` ΜΑΡΕϤ·`·ϹѠΤΜ̄
He-who-has-ear of-him, let-him-\ -listen.

He said, "There was a good man who owned a vineyard. He leased it to tenant farmers so that they might work it and he might collect the produce from them. He sent his servant so that the tenants might give him the produce of the vineyard. They

El Evangelio de Tomás | 129

seized his servant and beat him, all but killing him. The servant went back and told his master. The master said, 'Perhaps he did not recognize them.' He sent another servant. The tenants beat this one as well. Then the owner sent his son and said, 'Perhaps they will show respect to my son.' Because the tenants knew that it was he who was the heir to the vineyard, they seized him and killed him. Let him who has ears hear."

El ha dicho: Una persona bondadosa tenía una viña. La arrendó a inquilinos para que la cultivaran y recibiría su fruto. Mandó a su esclavo para que los inquilinos le dieran el fruto de la viña. Agarraron a su esclavo, lo golpearon, un poco más y lo habrían matado. El esclavo fue, se lo dijo a su amo. Contestó su amo, "Quizás no le reconocían."

Mandó a otro esclavo, los inquilinos lo golpearon también. Entonces el amo mandó a su hijo. Dijo, "Tal vez respetarán a mi hijo." Ya que aquellos inquilinos sabían que era el heredero de la viña, lo agarraron, lo mataron. Quien tiene oídos, ¡que oiga!

INTERPRETACIÓN:

Análogo a

Mateo 21:33 - 46
"Oíd otra parábola: Hubo un hombre,

padre de familia, el cual plantó una viña, la cercó de vallado, cavó en ella un lagar, edificó una torre, y la arrendó a unos labradores, y se fue lejos. Y cuando se acercó el tiempo de los frutos, envió sus siervos a los labradores, para que recibiesen sus frutos. Mas los labradores, tomando a los siervos, a uno golpearon, a otro mataron, y a otro apedrearon. Envió de nuevo otros siervos, más que los primeros; e hicieron con ellos de la misma manera. Finalmente les envió su hijo, diciendo: Tendrán respeto a mi hijo. Mas los labradores, cuando vieron al hijo, dijeron entre sí: Este es el heredero; venid, matémosle, y apoderémonos de su heredad. Y tomándole, le echaron fuera de la viña, y le mataron. Cuando venga, pues, el señor de la viña, ¿qué hará a aquellos labradores? Le dijeron: A los malos destruirá sin misericordia, y arrendará su viña a otros labradores, que le paguen el fruto a su tiempo.

Jesús les dijo: ¿Nunca leísteis en las Escrituras:

La piedra que desecharon los edificadores, Ha venido a ser cabeza del ángulo.

El Señor ha hecho esto, Y es cosa maravillosa a nuestros ojos?

Por tanto os digo, que el reino de Dios será quitado de vosotros, y será dado a gente que produzca los frutos de él. Y el que cayere sobre esta piedra será quebrantado; y sobre quien ella cayere, le desmenuzará. Y oyendo sus parábolas los principales sacerdotes y los fariseos, entendieron que hablaba de ellos. Pero al buscar cómo echarle mano, temían al pueblo, porque éste le tenía por profeta."

En esta parábola Jesús se refiere claramente al sacerdocio del antiguo pacto, encomendado a administrarlo. Tal sacerdocio fue corrompido, escogiendo así no oír a los profetas, la voz de Dios, y matando aún al Hijo de Dios.

La avaricia y el egoísmo conducen al alma del hombre a buscar lo suyo y salir de la justicia y lo correcto, y van siempre en escalada. Estos hombres sabían que al matar al heredero podían robar las tierras. Debemos cuidar de que no estén en nosotros, para que nos quiten la maravillosa herencia que el Hijo compró para nosotros con su vida.

66

ⲡⲉ-
*Sa-

-ⲭⲉ·ⲓⲥ ⲭⲉ ⲙⲁ·ⲧⲥⲉⲃⲟ·ⲉⲓ ⲉ·ⲡ·ⲱⲛⲉ ⲡⲁⲉⲓ ⲛ̄ⲧⲁⲩ·
-id·Jesus this: Show-me   ()the-stone, the-one they-have-

·ⲥⲧⲟ·ϥ` ⲉⲃⲟⲗ` ⲛ̄ϭⲓ·ⲛⲉⲧ·`·ⲕⲱⲧ` ⲛ̄·ⲧⲟ·ϥ ⲡⲉ ⲡ·ⲱⲱ-
-turned() down, viz-those-who-\-build;   it/he is   the-sto-

-ⲛⲉ ⲛ̄·ⲕⲱϩ
-ne(?) corner.

Jesus said, "Show me the stone which the builders have rejected. That one is the cornerstone."

Jesús ha dicho: Mostradme la piedra que han rechazado los constructores. Esa es la piedra angular.

INTERPRETACIÓN:

Este pasaje es análogo a **Salmos 118:22**

" "La piedra que desecharon los edificadores ha venido a ser cabeza del ángulo."

Cada uno de nosotros, que somos un dios, con "d" minúscula, construimos nuestro limitado mundo. Nuestro ego no sabe quedarse quieto y siempre quiere más y más. Entre más grande sea su obra mayor será su orgullo.

Esto lo vemos muchas veces en el sistema religioso. En el tiempo de Jesús los fariseos estaban centrados en sus posiciones y en el esplendor del templo físico. Estos constructores al enaltecerse a sí mismos rechazan la verdadera Piedra angular que es Jesús.

Este dicho lo podemos extender a

> **Mateo 21:44-46**
> "Y el que cayere sobre esta piedra será quebrantado; y sobre quien ella cayere, le desmenuzará. Y oyendo sus parábolas los principales sacerdotes y los fariseos, entendieron que hablaba de ellos. Pero al buscar cómo echarle mano, temían al pueblo, porque éste le tenía por profeta."

67

ΠΕΧΕ·ΙⳞ	ΧⲈ	ΠⲈⲦ·ⳞΟΟⲨⲚ	Ⲙ·Π·ⲦⲎⲢ·ϥ
Said Jesus	this:	He-who-knows	the-all-of-it,

Ⲉϥ·Ⲣ̄·ⳞⲢⲰ2	ΟⲨⲀⲀ·ϥ	·Ⲣ̄·ⳞⲢⲰ2	Ⲙ̄·Π·ⲘⲀ	ⲦⲎⲢ·ϥ`
if-he-needs	himself,	needs	the-place,	all-of-it.

Jesus said, "If one who knows the all still feels a personal deficiency, he is completely deficient."

Jesús ha dicho: Quien conoce todo pero carece de conocerse a sí mismo, carece de todo.

INTERPRETACIÓN:

Aquí se habla de dos cosas: primero, del conocimiento de todo y luego, del conocimiento de uno mismo.

El conocimiento de todo está en alimentarse del árbol del conocimiento del bien y del mal, el cual siempre conduce a la Muerte. El ego mismo es el que quiere ese conocimiento para engrandecerse.

Por otra parte, el conocimiento de uno mismo es la certeza de ser hijos de Dios, una identidad en el Padre. Allí está la verdadera fortaleza. Sin conocerse así a uno mismo y sin conocer el origen, el conocimiento de este mundo solo conduce a la muerte.

Efesios 1:3-4

"Bendito sea el Dios y Padre de nuestro Señor Jesucristo, que nos bendijo con toda bendición espiritual en los lugares celestiales en Cristo, según nos escogió en él antes de la fundación del mundo, para que fuésemos santos y sin mancha delante de él."

68

ΠΕΧΕ·ΙC ΧΕ	Ν·ΤШ·ΤΝ		2Μ·ΜΑΚΑΡΙΟC	2ΟΤΑ
Said Jesus this:	You(pl)	(are)	( )-blessed-ones	when
ΕΥ·ШΑΝ·ΜΕCΤΕ·ΤΗΥΤΝ		ΝCΕ·Ρ·ΔΙШΚΕ		Μ·
they-should-hate-yourselves		&-( )-persecute		-
·ΜШ·ΤΝ ΑΥШ	CΕ·ΝΑ·2Ε	ΑΝ	Ε·ΤΟΠΟC	2Μ·Π·ΜΑ
-you(pl), > and	they-will-fall	not	upon-anywhere	in-the-place
ΕΝΤΑΥ·ΔΙШΚΕ		Μ·ΜШ·ΤΝ	2ΡΑΪ	Ν·2ΗΤ·ϥ
where-they-persecuted		you(pl)	down	in-him.

Jesus said, "Blessed are you when you are hated and persecuted. Wherever you have been persecuted they will find no place."

Jesús ha dicho: Benditos seáis cuando sois odiados y perseguidos y no encontráis sitio allá donde habéis sido perseguidos.

INTERPRETACIÓN:

La primera parte de este verso es paralela a la bienaventuranza en

Mateo 5:10-11

"Bienaventurados los perseguidos por causa de la justicia, porque de ellos es el Reino de los Cielos. Bienaventurados seréis cuando os injurien, os persigan y digan con mentira toda clase de mal contra vosotros por mi causa."

La segunda parte, "no encontréis sitio allá donde habéis sido perseguidos" hace referencia al galardón de la bienaventuranza: no pertenecer al sistema de este mundo, el lugar que devora y persigue la justicia que es del Cielo.

Análogo también a

Juan 15: 18-19

"Si el mundo os aborrece, sabed que a mí me ha aborrecido antes que a vosotros.

Si fuerais del mundo, el mundo amaría lo suyo; pero porque no sois del mundo, antes yo os elegí del mundo, por eso el mundo os aborrece."

69a

-ХЄ·IC <>	ⳒⲘ·ⲘⲀⲔⲀⲢⲒⲞⲤ	ⲚⲈ ⲚⲀⲈⲒ	ⲚⲦⲀⳙ·ⲆⲒⲰⲔⲈ
-id Jesus (this)	( )-blessed-ones	are these	they-have-persecuted
Ⲙ·ⲘⲞ·Ⲟⳙ	ⳒⲢⲀ̈Ⲓ	ⳒⲘ·ⲠⲞⳙ·ⳒⲎⲦ`	ⲚⲈⲦ·Ⲙ̄·ⲘⲀⳙ`
them	down	in-their-mind;	those-who-are-there,
ⲚⲈⲚⲦⲀⳒ·ⲤⲞⳙⲰⲚ·Π·ⲈⲒⲰⲦ`		ⳒⲚ̄·Ⲟⳙ·ⲘⲈ	
they-have-known-the-father		(truly).	

Jesus said, "Blessed are they who have been persecuted within themselves. It is they who have truly come to know the father.

Jesús ha dicho: Benditos sean los que han sido perseguidos en su corazón, estos son los que han conocido al Padre en verdad.

INTERPRETACIÓN:

Análogo a

Lucas 12:34
"Porque donde esté vuestro tesoro, allí estará también vuestro corazón."

El Conocimiento que revela el Padre a aquellos que le aman junto con sus secretos muy guardados, se opone a nuestro corazón natural.

Esto va a dar a luz una guerra interna donde nuestros pensamientos y sentimientos se oponen al Dios vivo.

Cuando el conocimiento del Espíritu está luchando por deshacer nuestros razonamientos, nuestras culturas y nuestras estructuras internas es símbolo de que la vida se está manifestando en nosotros y esto es una gran bienaventuranza.

69b

ϨⲘ·
(among)-

·ⲘⲀⲔⲀⲢⲒⲞⲤ	ⲚⲈⲦ·ϨⲔⲀⲈⲒⲦ'	ϢⲒⲚⲀ	ⲈⲨ·ⲚⲀ·
-blessed-ones (are)	those-who-are-hungry,	so	they-may-
·ⲦⲤⲒⲞ	Ⲛ·Ⲑ2Ⲏ	Ⲙ·ⲠⲈⲦ·ⲞⲨⲰϢ	
-satisfy	the-belly	of-he-who-desires.	

Blessed are the hungry, for the belly of him who desires will be filled."

Benditos sean los hambrientos, pues el estómago de quien desea se llenará.

INTERPRETACIÓN:

Análogo a

Mateo 5:6
"Bienaventurados los que tienen hambre y sed de justicia; porque ellos serán saciados." En referencia a hambre y sed espiritual.

Dios siempre busca el corazón hambriento y sediento de Él. A éstos son a los que Él se revela y se manifiesta.

70

ⲡⲉⲝⲉ·ⲓⲥ <> ⳅⲟ-
Said Jesus (this) Wh-
-ⲦⲀⲚ ⲉⲦⲉⲦⲚ·ϢⲀ·Ⲭⲡⲉ·ⲡⲏ ⳅⲚ·ⲦⲎⲨⲦⲚ ⲡⲀⲓ
-en you(pl)-should-beget-that-one in-yourselves, the-one
ⲉⲦ·ⲉⲨⲚ·ⲦⲎ·ⲦⲚ·ϥ ϥ·ⲚⲀ·ⲦⲞⲨⲬⲉ·ⲦⲎⲨⲦⲚ ⲉϢⲱ-
which-have-you(pl)-him, he-will-save-yourselves; > i-
-ⲡⲉ ⲘⲚ·ⲦⲎ·ⲦⲚ·ⲡⲏ ⳅⲚ[·ⲦⲎⲨⲦ]Ⲛ ⲡⲀⲉⲓ ⲉⲦⲉ
-f not-have-you(pl)-that-one in-you(pl), the-one which
ⲘⲚ·ⲦⲎ·ⲦⲚ·ϥ ⳅⲚ·ⲦⲎⲚⲉ ϥ[·ⲚⲀ·Ⲙ]ⲞⲨⲦ·ˋ·ⲦⲎⲚⲉ
not-have-you(pl)-him in-you(pl), he-will-kill- \ -you(pl).

Jesus said, "That which you have will save you if you bring it forth from yourselves. That which you do not have within you [will] kill you if you do not have it within you."

Jesús ha dicho: Cuando saquéis lo que hay dentro de vosotros, esto que tenéis os salvará. Si no tenéis eso dentro de vosotros, esto que no tenéis dentro de vosotros os matará.

INTERPRETACIÓN:

Su gracia y su verdad no son mensajes que pueden quedarse como enseñanzas genéricas, se activan cuando creemos con todo el corazón. Así, habita su Reino dentro de nosotros. De nuestro interior brota Su guianza y gracia para nuestras vidas.

Es la realidad de quien está unido al Padre. Él dentro nuestro es la esencia de nuestra vida en resurrección.

El no tener a Cristo dentro de nosotros, y no hacer de nuestro corazón su tabernáculo, nos llevará a la muerte, pues no hay vida sin Cristo.

71

ΠΕΧΕ·ῙC̄	ΧΕ	†·ΝΑ·ϢΟΡ|ϢⲢ̄		Μ̄·ΠΕΕΙ·Η|ΕΙ
Said Jesus	this:	I-will-destroy		this-house,
ΑΥⲰ	Μ̄Ν̄·ⲖⲀⲀⲨ	·ΝΑϢ·ΚΟΤ·Ϥ	[ⲀΝ	Ν̄·ΚΕ·ⳓΟΠ]
and	no-one	can-build-him,	not	another-time.

Jesus said, "I shall [destroy this] house, and no one will be able to build it [. . .]" again.

Jesús ha dicho: Yo destruiré esta casa y nadie será capaz de reconstruirla.

INTERPRETACIÓN:

Este dicho es análogo a **Marcos 14:58**

> "Nosotros le oímos decir: `Yo destruiré este templo hecho por manos, y en tres días edificaré otro no hecho por manos´."

Jesús dice esto acerca de la remoción del Templo en el antiguo pacto, para establecer el nuevo, en el corazón del hombre.

Paralelo a este versículo, Jesús nos llama nuevamente a la edificación del espíritu y no a nada físico hecho por el hombre. En sentido espiritual, el pasado necesita ser destruido para que lo nuevo y la vida de la resurrección sea la que habite en nosotros.

72

[ΠΕΧΕ·ΟΥ·ΡШΜΕ ΝΑ·Ϥ`] ΧΕ ·ΧΟ·ΟϹ Ν̄·ΝΑ·ϹΝΗΥ
Said-a-man   to-him   this: "Speak to-my-brothers
ШΙΝΑ   ΕΥ·Ν[Α·Π]ШШΕ   Ν̄·Ν̄·2ΝΑΑΥ   Μ̄·ΠΑ·ΕΙШΤ`
so   they-may-divide   the-belongings   of-my-father
ΝΜ̄ΜΑ·ΕΙ   ΠΕΧΑ·Ϥ   ΝΑ·Ϥ`   ΧΕ   Ш   Π·ΡШΜΕ   ΝΙΜ
with-me." > Said-he to-him this: " O   man,   who
ΠΕ   Ν̄ΤΑ2·Α·ΑΤ`   Ν̄·ΡΕϤ·ΠШШΕ   ΑϤ·ΚΟΤ·Ϥ̄   Α·`
is-he has-made-me a-divider?"   > He-turned() to-
·ΝΕϤ·ΜΑΘΗΤΗϹ   ΠΕΧΑ·Ϥ   ΝΑ·Υ   ΧΕ   ΜΗ   Ε·ΕΙ·
-his-disciples.   Said-he to-them this: "Truly, do-I-
·ШΟΟΠ`   Ν̄·ΡΕϤ·`·ΠШШΕ
-exist   as-a- \-divider?"

[A man said] to him, "Tell my brothers to divide my father's possessions with me." He said to him, "O man, who has made me a divider?" He turned to his disciples and said to them, "I am not a divider, am I?"

Alguien le dice: Diles a mis hermanos que repartan conmigo las posesiones de mi padre.

Él le dice: Oh hombre, ¿quién me hizo repartidor?

Se volvió a sus discípulos, les dice: No soy repartidor, ¿soy?

Análogo a

> **Lucas 12:13-21**
>
> "Le dijo uno de la multitud: Maestro, di a mi hermano que parta conmigo la herencia. Mas él le dijo: Hombre, ¿quién me ha puesto sobre vosotros como juez o partidor? Y les dijo: Mirad, y guardaos de toda avaricia; porque la vida del hombre no consiste en la abundancia de los bienes que posee. También les refirió una parábola, diciendo: La heredad de un hombre rico había producido mucho. Y él pensaba dentro de sí, diciendo: ¿Qué haré, porque no tengo dónde guardar mis frutos? Y dijo: Esto haré: derribaré mis graneros, y los edificaré mayores, y allí guardaré todos mis frutos y mis bienes; y diré a mi alma: Alma, muchos bienes tienes guardados para muchos años; repósate, come, bebe, regocíjate. Pero Dios le dijo: Necio, esta noche vienen a pedirte tu alma; y lo que has provisto, ¿de quién será? Así es el que hace para sí tesoro, y no es rico para con Dios."

Jesús pone énfasis en un Reino que no es de este mundo donde los tesoros son sin límites. El vino para entregarnos la herencia más maravillosa que nuestro Padre tenía para nosotros desde antes que el mundo fuera. Para recibirla necesitamos quitar los ojos de las riquezas de este mundo.

73

ΠΕΧΕ·ΙC	ΧΕ	Π·Ⲱ2C
Said Jesus	this:	the-harvest

ΜΕΝ	·ΝΑ(ϢⲰ·Ϥ`	Ν̄·ΕΡΓΑΤΗC	ΔΕ	CΟΒΚ`	·CΟΠC̄
indeed	is-plentiful;	the-laborers,	hwvr,	small(few);	pray

ΔΕ	Μ̄·Π·ΧΟΕΙC	(ϢΙΝΑ	ΕϤ·ΝΑ·ΝΕΧ·`·ΕΡΓΑΤΗC
hwvr,	to-the-Lord	so	he-might-send- \ -laborers

ΕΒΟΛ`	Ε·Π·Ⲱ2C
out	to-the-harvest

Jesus said, "The harvest is great but the labourers are few. Beseech the lord, therefore, to send out labourers to the harvest."

Jesús ha dicho: La cosecha en verdad es abundante, pero los obreros son pocos. Pues implorad al Amo que mande obreros a la cosecha.

INTERPRETACIÓN:

Pasaje análogo a

Mateo 9:37-38

"Entonces dijo a sus discípulos: A la verdad la mies es mucha, mas los

obreros pocos. Rogad, pues, al Señor de
la mies, que envíe obreros a su mies."

74

ΠЄΧΑ·Ϥ ΧЄ Π·ΧΟЄΙC ΟΥN̄·
Said-he this: "()Lord, there-are-

·ϨΑϨ M̄·Π·ΚШΤЄ N̄·Τ·ΧШΤЄ MN̄·ΑΑΑΥ ΔЄ ϨN̄·
-many (around) the-fountain; no-thing, hwvr, in-

·Τ·ϢШNЄˋ
-the-(cistern).

*He said, "O lord, there are many around the
drinking trough, but there is nothing in the
cistern."*

**El ha dicho: Amo, ¡Hay muchos alrededor del
bebedero, pero no hay nada en la cisterna."**

INTERPRETACIÓN:

Hay muchos que tienen sed de Dios pero están
buscando en las cisternas o formas religiosas
donde no hay agua.

La mujer Samaritana en Juan 4 tenía sed, pero
buscaba el agua en el pozo que no satisface. Sólo
Jesús tiene agua viva de la cual el que bebe nunca
más tendrá sed.

Juan 4:13-15
"Respondió Jesús y le dijo: Cualquiera
que bebiere de esta agua, volverá a

tener sed; mas el que bebiere del agua
que yo le daré, no tendrá sed jamás;
sino que el agua que yo le daré será en
él una fuente de agua que salte para
vida eterna. La mujer le dijo: Señor,
dame esa agua, para que no tenga yo
sed, ni venga aquí a sacarla."

75

ⲡⲉⲝⲉ·ⲓ̅ⲥ̅ <> ⲟⲩⲛ·ⲍⲁⲍ ·ⲁⲍⲉⲣⲁⲧ·ⲟⲩ
Said Jesus (this) there-are-many standing()
ⲍ̅ⲓⲣⲙ̅·ⲡ·ⲣⲟ ⲁⲗⲗⲁ ⲙ̅·ⲙⲟⲛⲁⲭⲟⲥ ⲛⲉⲧ·ⲛⲁ·ⲃⲱⲕˋ
at-the-door; but the-single-ones (are) those-who-will-go
ⲉⲍⲟⲩⲛ ⲉ·ⲡ·ⲙⲁ ⲛ̅·ϣⲉⲗⲉⲉⲧˋ
in to-the-place of-marriage.

Jesus said, "Many are standing at the door, but it
is the solitary who will enter the bridal chamber."

**Jesús ha dicho: Hay muchos que están de pie
a la puerta, pero los solitarios son los que
entrarán en la alcoba nupcial.**

INTERPRETACIÓN:

Este pasaje es comparable a

Cantares 6:8-9

"Sesenta son las reinas, y ochenta
las concubinas, y las doncellas sin
número; Mas una es la paloma mía, la

perfecta mía; Es la única de su madre, La escogida de la que dio a luz. La vieron las doncellas, y la llamaron bienaventurada; las reinas y las concubinas, y la alabaron."

Los solitarios aquí, representan los apartados para el Señor, los que encontraron su primer y gran amor en Él y no en nadie, ni en nada en este mundo. A estos son los que llama a sus cámaras nupciales.

76

ⲡⲉⲝⲉ·ⲓ̅ⲥ̅ ⲭⲉ
Said Jesus this:

ⲧ·ⲙⲛ̅ⲧⲉⲣⲟ	ⲙ̅·ⲡ·ⲉⲓⲱⲧ`	ⲉⲥ·ⲧⲛ̅ⲧⲱⲛ	ⲁ·ⲩ·ⲣⲱⲙⲉ
the-kingdom	of-the-father,	she-compares	to-a-man
ⲛ̅·ⲉⲱϣⲱⲧ`	ⲉⲩⲛ̅·ⲧⲁ·ϥ`	ⲙ̅·ⲙⲁⲩ	ⲛ̅·ⲟⲩ·ⲫⲟⲣⲧⲓ-
of-trade	having-he	there	a-consign-
-ⲟⲛ	ⲉ·ⲁϥ·ϩⲉ	ⲁ·ⲩ·ⲙⲁⲣⲅⲁⲣⲓⲧⲏⲥ	ⲡ·ⲉϣⲱⲧ`
-ment;	he-fell	upon-a-pearl; >	the-trader
ⲉⲧ·ⲙ̅·ⲙⲁⲩ	ⲟⲩ·ⲥⲁⲃⲉ	ⲡⲉ	ⲁϥ·ϯ·ⲡⲉ·ⲫⲟⲣⲡⲓⲟⲛ
who-was-there,	a-wise-one	was(he);	he-gave-the-consignment
ⲉⲃⲟⲗ	ⲁϥ·ⲧⲟⲟⲩ	ⲛⲁ·ϥ`	ⲙ̅·ⲡⲓ·ⲙⲁⲣⲅⲁⲣⲓⲧⲏⲥ
away;	he-bought	for-him (self)	that-pearl
ⲟⲩⲱⲧ`	ⲛ̅·ⲧⲱ·ⲧⲛ̅	ϩⲱⲧ·`·ⲑⲏⲩⲧⲛ̅	·ϣⲓⲛⲉ ⲛ̅-
alone.	> You(pl),	also- \-yourselves,	seek af-
-ⲥⲁ·ⲡⲉϥ·ⲉϩⲟ	ⲉ·ⲙⲁϥ·ⲱⲭⲛ̅	ⲉϥ·ⲙⲏⲛ`	ⲉⲃⲟⲗ
-ter-his-treasure	that-does-not()perish,	()enduring	out;
ⲡ·ⲙⲁ	ⲉ·ⲙⲁ·ⲣⲉ·ⲭⲟⲟⲗⲉⲥ	·ⲧϩⲛⲟ	ⲉϩⲟⲩⲛ` ⲉ·ⲙⲁⲩ
the-place	where-no-moth	approaches	in to-there
ⲉ·ⲟⲩⲱⲙ`	ⲟⲩⲇⲉ	ⲙⲁ·ⲣⲉϥ·ϥⲛ̅ⲧ	·ⲧⲁⲕⲟ
to-eat,	&nor	no-worms	destroy.

Jesus said, "The kingdom of the father is like a merchant who had a consignment of merchandise and who discovered a pearl. That merchant was shrewd. He sold the merchandise and bought the pearl alone for himself. You too, seek his unfailing and enduring treasure where no moth comes near to devour and no worm destroys."

Jesús ha dicho: El Reino del Padre se asemeja a un mercader poseedor de una fortuna, quien encontró una perla. Aquel mercader era listo, vendió la fortuna, compró para sí mismo la perla única.

Vosotros mismos, buscad el tesoro de su rostro, que no perece, que perdura, el lugar donde ni la polilla se acerca para devorar ni el gusano destruye.

INTERPRETACIÓN:

Pasaje análogo a

Mateo 13:45–46

"También el reino de los cielos es semejante a un mercader que busca buenas perlas, que habiendo hallado una perla preciosa, fue y vendió todo lo que tenía, y la compró."

Jesús es La Perla de gran precio, por la que vale la pena venderlo todo.

Tomás amplía la perspectiva, dando a entender que los tesoros eternos, "los tesoros de su rostro", tiene que ver con conocer la faz de Jesucristo. Contemplarlo a Él, profundizar en Él, viviendo delante de Él.

77

ΠΕΧΕ·
*Said-

·ΙC	ΧΕ	ΑΝΟ·Κ	ΠΕ	Π·ΟΥΟΕΙΝ	ΠΑΕΙ	ΕΤ·ϨΙ-
Jesus this:	I	am	the-light,	the-one	which-is-up-
-ΧШ·ΟΥ	ΤΗΡ·ΟΥ	ΑΝΟ·Κ`	ΠΕ	Π·ΤΗΡ·ϥ`	ΝΤΑ·
-on-them,	allofthem.	I	am	the-All;	has-
·Π·ΤΗΡ·ϥ`	·ΕΙ	ΕΒΟΛ	Ν·ϨΗΤ·`	ΑΥШ	ΝΤΑ·Π·ΤΗΡ·ϥ`
-the-All	come	out	of-me,	and	has-the-All
·ΠШϨ	ШΑΡΟ·ΕΙ	·ΠШϨ	Ν·ΝΟΥ·ШΕ	ΑΝΟ·Κ`
-split(open)	upto-me. >	Split(open)	a-timber,	I
†·Μ̄·ΜΑΥ	·ϥΙ	Μ̄·Π·ШΝΕ	Ε·ϨΡΑЇ	ΑΥШ	ΤΕΤΝΑ·
(I)am-there; > take	the-stone	up,	and	you(pl)-will-

Jesus said, "It is I who am the light which is above them all. It is I who am the all. From me did the all come forth, and unto me did the all extend. Split a piece of wood, and I am there. Lift up the stone, and you will find me there."

Jesús ha dicho: Soy la luz quien está sobre todos, Soy el todo. Todo salió de mí, y todo vuelve a mí. Partid la madera, allí estoy. Levantad la piedra y allí me encontraréis.

INTERPRETACIÓN:

Aquí Jesús señala que su presencia está en todos lados, como la Luz que alumbra a todo hombre. Él estaba removiendo el tabernáculo de lo exterior a lo interior. Haciéndonos ver que todo salió de Él y a Él volverá. Él está dentro de nosotros y alrededor de nosotros, Él es la totalidad, la unicidad.

O bien como lo expresa Pablo en:

Colosenses 1:16-17

"Porque en él fueron creadas todas las cosas, las que hay en los cielos y las que hay en la tierra, visibles e invisibles; sean tronos, sean dominios, sean principados, sean potestades; todo fue creado por medio de él y para él. Y él es antes de todas las cosas, y todas las cosas en él subsisten".

78

ΠΕΧΕ·ΙC	ΧΕ	ΕΤΒΕ·ΟΥ
Said Jesus	this:	Because-of-what

ΑΤΕΤΝ̄·ΕΙ	ΕΒΟΛ	Ε·Τ·CΩϢΕ	Ε·ΝΑΥ	Ε·Υ·ΚΑϢ
did-you(pl)-come	out	to-the-field?	To-look	at-a-reed

ΕϤ·ΚΙΜ	[ΕΒΟΛ]	ϨΙΤΜ̄·Π·ΤΗΥ	ΑΥΩ	Ε·ΝΑΥ
()moving	about	by-means-of-the-wind?	> And	to-look

Ε·Υ·Ρ[ΩΜΕ	ΕΥ]Ν̄·ϢΤΗΝ	ΕΥ·ϬΗΝ	ϨΙΩ·ΩΒ
at-a-man	having-garments	()soft	upon-him(?),

[Ν·ΘΕ	Ν̄·ΝΕΤΝ̄·]Ρ̄ΡΩΟΥ	ΜΝ̄·ΝΕΤΜ̄·ΜΕΓΙ-
like	your(pl)-kings	and-your(pl)-power-

-CΤΑΝΟC	ΝΑΕΙ	Ε·Ν[Ε·ϢΤΗ]Ν	Ε[Τ·]
-ful-ones?	> These	(are?) in-garments	which-are-

·ϬΗΝ	ϨΙΩ·ΟΥ	ΑΥΩ	CΕ·[ΝΑ]Ϣ·C̄COΥΝ·
-soft	upon-them,	and	they-can-know-

·Τ·ΜΕ	ΑΝ
-the-truth	not.

Jesus said, "Why have you come out into the desert? To see a reed shaken by the wind? And to see a man clothed in fine garments [like your] kings and your great men? Upon them are the fine garments, and they are unable to discern the truth."

Jesús ha dicho: ¿Qué salisteis a ver en lo silvestre, una caña sacudida por el viento y a una persona vestida con ropa afelpada? He aquí, vuestros gobernantes y vuestros dignatarios son los que se visten en ropa afelpada, y ellos no podrán conocer la verdad.

INTERPRETACIÓN:

Este pasaje es análogo en una gran parte a

Mateo 11:7-9

"Mientras ellos se iban, Jesús comenzó a hablar de Juan a las multitudes: "¿Qué salieron a ver en el desierto? ¿Una caña sacudida por el viento? Entonces, ¿qué salieron a ver? ¿Un hombre vestido de ropa delicada? He aquí, los que se visten con ropa delicada están en los palacios de los reyes. Entonces, ¿qué salieron a ver? ¿A un profeta? Sí, os digo, y más que profeta."

79

ΠΕΧΕ·ΟΥ·ϹϨΙΜ[Ε] ΝΑ·Ϥ ϨΜ̄·
Said-a-woman   to-him in-

·Π·ΜΗϢΕ ΧΕ ΝΕΕΙΑΤ[·Ϲ̄ Ν̄·]ΘϨΗ Ν̄-
-the-crowd this: "Blessed(is)she, the-belly wh-

-ΤΑϨ·Ϥι ϨΑΡΟ·Κ ΑΥϢ Ν̄·ΚΙΒΕ ΕΝΤΑϨ·
-ich-bore under-you(sg), and the-breasts which-

·ϹΑΝΟΥϢ·Κ ΠΕΧΑ·Ϥ ΝΑ[·Ϲ] ΧΕ ΝΕ-
-nourished-you(sg)." > Said-he to-her this: Bles-

-ΕΙΑΤ·ΟΥ Ν̄·ΝΕΝΤΑϨ·ϹϢΤΜ̄ Α·ˋ
-sed(are)they, ()-who-have-listened to-

·Π·ΛΟΓΟϹ Μ̄·Π·ΕΙϢΤ ΑΥ·ΑΡΕϨ ΕΡΟ·Ϥ
-the-word of-the-father; they-have-watched over-him

ϨΝ̄·ΟΥ·ΜΕ ΟΥΝ̄·ϨΝ̄·ϨΟΟΥ ΓΑΡ ·ΝΑ·ϢϢΠΕ
(truly), > (for) (there-are)some-days, (---), will-come-to-be

Ν̄ΤΕΤΝ̄·ΧΟ·ΟϹ ΧΕ ΝΕΕΙΑΤ·Ϲ̄ Ν̄·ΘΗ ΤΑ-
&-you(pl)(will)speak this- "Blessed-is-she, the-belly the-

-ΕΙ ΕΤΕ Μ̄ΠϹ·Ϣ ΑΥϢ Ν̄·ΚΙΒΕ ΝΑΕΙ Ε·ΜΠΟΥ·
-one which did-not-conceive, and the-breasts, these which-did-not-

·Τ·ΕΡϢΤΕ
-give-milk."

A woman from the crowd said to him, "Blessed are the womb which bore you and the breasts which nourished you." He said to [her], "Blessed are those who have heard the word of the father and have truly kept it. For there will be days when you (pl.) will say, 'Blessed are the womb which has not conceived and the breasts which have not given milk.'"

Una mujer de la multitud le dice: ¡Bendita sea la matriz que te parió, y benditos los senos que te amamantaron!

El le dice: Benditos sean quienes han oído la significación del Padre y la han cumplido

en verdad. Pues habrá días cuando diréis: ¡Bendita sea la matriz que no ha engendrado, y benditos los senos que no han amamantado!

INTERPRETACIÓN:

La primera parte de este pasaje es análogo a

> **Lucas 11:27-28**
> "Mientras él decía estas cosas, aconteció que una mujer de entre la multitud levantó la voz y le dijo:
>
> —¡Bienaventurado el vientre que te llevó y los pechos que mamaste!
>
> Y él dijo:
>
> —Más bien, bienaventurados son los que oyen la palabra de Dios y la guardan."

La segunda se refiere al gran juicio que vendría durante las guerras de los judíos entre los años 66 y 70 d. C. y que Jesús profetizó en Mateo 24:19-21

> "¡Ay de las mujeres que estén embarazadas y de las que críen en aquellos días! Orad, pues, que su huida no sea en invierno, ni en sábado; porque entonces habrá gran tribulación como

no ha habido desde el principio del mundo hasta ahora, ni habrá jamás."

De esta tribulación sin precedentes escribió Flavio Josefo, el cual da testimonio de cómo las madres llegaron al punto de comerse a sus propios bebés por el hambre tan terrible durante el sitio de Jerusalén.

80

ΠΕΧΕ·ΙC	ΧΕ	ΠΕΝΤΑ2·ϹΟΥⲰΝ·
Said Jesus	this:	Whoever-has-known-

·Π·ⲔⲞϹⲘⲞϹ	ⲀϤ·2Є	Є·Π·ϹⲰⲘⲀ	ΠΕΝΤΑ2·2Є
-the-world,	he-has-fallen	upon-the-body;	> whoever-has-fallen,

ΔΕ	Є·Π·ϹⲰⲘⲀ	Π·ⲔⲞϹⲘⲞϹ	·ⲘⲠⲰⲀ	Ⲙ·ⲘⲞ·Ϥ
hwvr,	upon-the-body,	the-world	be-worthy	of-him

ⲀⲚ
not.

Jesus said, "He who has recognized the world has found the body, but he who has found the body is superior to the world."

Jesús ha dicho: Quien ha conocido el sistema, ha encontrado el cuerpo y quien ha encontrado el cuerpo, de él no es digno el sistema.

INTERPRETACIÓN:

Igual al verso 56.

81

ⲡⲉⲝⲉ·ⲓ̅ⲥ̅   ⲝⲉ   ⲡⲉⲛⲧⲁϩ·ⲣ̄·ⲣⲙ̄·ⲙⲁⲟ   ⲙⲁ-
Said Jesus   this: whoever-has-become-rich,   let-

-ⲡⲉϥ·ⲣ̄·ⲣⲣⲟ   ⲁⲩⲱ   ⲡⲉⲧ·ⲉⲩⲛ̄·ⲧⲁ·ϥ`   ⲛ̄·ⲟⲩ·ⲇⲩⲛⲁ-
-him-become-king,   > and   he-who-has-he   (a)pow-

-ⲙⲓⲥ   ⲙⲁⲣⲉϥ·ⲁⲣⲛⲁ
-er,   let-him-abdicate.

Jesus said, "Let him who has grown rich be king, and let him who possesses power renounce it."

Jesús ha dicho: Quien se enriquece, que reine. Y quien tiene poder, que renuncie.

INTERPRETACIÓN:

En sentido natural, la riqueza conlleva a una responsabilidad a los ojos de Dios. Reinar implica hacer justicia, misericordia, ayudar a los demás en sus necesidades y ser un justo administrador de los bienes que Dios nos llegue a otorgar. En el Evangelio de Lucas vemos cómo Dios premia al que es justo con las riquezas injustas y el tal puede recibir las riquezas verdaderas y lo que le pertenece; cosa que no puede recibir quien es injusto.

Lucas 16:10-12

"El que es fiel en lo muy poco también es fiel en lo mucho, y el que en lo muy poco es injusto también es injusto en lo mucho. Así que, si con las riquezas injustas no fueron fieles, ¿quién les confiará lo verdadero? Y si en lo ajeno no fueron fieles, ¿quién les dará lo que es de ustedes?"

En Sentido espiritual el alcanzar las riquezas de pleno entendimiento escondidas en Cristo, nos lleva a reinar con Él.

La segunda parte del versículo, alude al poder que ofrece el mundo o la fuerza humana. Éste sólo nos llevará a la destrucción.

El poder que viene de Dios nos es dado por gracia, no por nuestra fuerza y es para Su gloria. Éste nos hace caminar en humildad sabiendo que es en nuestra debilidad donde Él se perfecciona y se manifiesta.

2 Corintios 12:9

"... y me ha dicho: "Bástate mi gracia, porque mi poder se perfecciona en la debilidad". Por tanto, de buena gana me gloriaré más bien en mis debilidades, para que habite en mí el poder de Cristo."

82

		ΠΕΧΕ·ΙC	ΧΕ	ΠΕΤ·2ΗΝ
		Said Jesus	this:	He-who-is-close
ΕΡΟ·ΕΙ	ΕϤ·2ΗΝ	Ε·Τ·CΑΤΕ	ΑϤΩ	ΠΕΤ·ΟΥΗΥ
to-me,	he-is-close	to-the-fire,	> and	he-who-is-far
Μ̄·ΜΟ·ΕΙ	Ϥ·ΟΥΗΥ	Ν̄·Τ·ΜΝ̄ΤΕΡΟ		
from-me,	he-is-far	from-the-kingdom.		

Jesus said, "He who is near me is near the fire, and he who is far from me is far from the kingdom."

Jesús ha dicho: Quien está cerca de mí está cerca del fuego, y quien está lejos de mí está lejos del Reino.

INTERPRETACIÓN:

Jesús es la naturaleza inalterada del Padre, hecha carne. Su naturaleza es Luz, la luz que irradia, expone, da vida. Él mismo es "fuego consumidor". Venir a Él es ser expuesto a esa luz y estar dispuesto a la purificación de ese fuego. Nada inmundo tiene lugar en el Reino de Dios, el cual es en sí Jesucristo mismo.

83

ХЄ	N·ℲIKШN	CЄ·OⲨONℲ	ЄBOⳠ	M̄·Π·Pш-
this:	the-images,	they-are-revealed	forth	to-the-ma-
-MЄ	ⲀⲨШ	Π·OⲨOЄIN	ЄT·N̄·ℲHT·OⲨ	Ꙩ·ℲHΠ`
-n,	and	the-light	which-is-in-them,	he-is-hidden
ℲN̄·ⲐIKШN	M̄·Π·OⲨOЄIN	M̄·Π·ЄIШT`	Ꙩ·NⲀ·
in-the-image	of-the-light	of-the-father;	> he-will-
·ⳒШⳠΠ`	ЄBOⳠ	ⲀⲨШ	TЄꙘ·ℲIKШN	·ℲHΠ`
-be-revealed	forth,	and	his-image	hidden
ЄBOⳠ	ℲITN̄·ΠЄꙘ·`·OⲨOЄIN			
away	by-his- \ -light.			

Jesus said, "The images are manifest to man, but the light in them remains concealed in the image of the light of the father. He will become manifest, but his image will remain concealed by his light."

Jesús ha dicho: Las imágenes se manifiestan a la humanidad y la luz que está dentro de ellas se esconde. El se revelará a sí mismo en la imagen de la luz del Padre, pues su imagen se esconde por su luz.

INTERPRETACIÓN:

Las imágenes representan la forma de nuestra naturaleza humana. Cuando Adán y su mujer cayeron en pecado, perdieron la imagen de Dios, y sus ojos fueron abiertos, para ver el mundo natural al descubierto. Se dieron cuenta que estaban desnudos viendo sus imágenes las cuales se habían convertido en tan sólo la forma externa de su ser.

La luz de la vida quedó oculta tras el velo de la carne.

Cuando la luz verdadera es revelada y el velo del templo interior es rasgado en una persona, la Luz de Cristo envuelve la naturaleza caída para que el Padre sólo lo vea a Él.

84

ΠΕΧΕ·Ι͞C <> N̄·2O-
Said Jesus (this) the-da-

-OY ΕΤΕΤN̄·ΝΑY Ε·ΠΕΤN̄·ΕΙΝΕ ϢΑΡΕΤN̄·
-ys you(pl)-look at-your(pl)-resemblance, do-you(pl)-

·ΡΑϢΕ 2OΤΑΝ ΔΕ ΕΤΕΤN̄·ϢΑΝ·ΝΑY
-rejoice; > when, hwvr, you(pl)-should-look

Λ·ΝΕΤN̄·2ΙΚωΝ N̄ΤΑ2·ϢωΠΕ 2Ι·ΤΕΤΝ·Ε-
upon-your(pl)-images, which-come-into-being upon-your-begin-

-2H OYΤΕ ΜΑY·ΜOY OYΤΕ ΜΑY·OYωN2
-ning, n/nor do-not-they-die, n/nor do-not-they-appear

ΕΒOλ ΤΕΤΝΑ·ϤΙ 2Α·OYHP
forth, you(pl)-will-bear under-how-much?

Jesus said, "When you see your likeness, you rejoice. But when you see your images which came into being before you, and which neither die nor become manifest, how much you will have to bear!"

Jesús ha dicho: Cuando véis vuestra apariencia, os alegráis. Pues cuando veáis vuestras imágenes las cuales existieron frente a vosotros, las cuales ni mueren ni se hacen manifiestas ¿Qué tanto lo soportaréis?

El hombre se alegra al ver su apariencia en este mundo. A la naturaleza carnal le gusta verse bien. Sin embargo aquí Jesús introduce nuestra naturaleza celestial, la cual es nuestra verdadera imagen ante Dios y la cual está sentada con Cristo en lugares celestiales.

Cuando llegamos a la realización de quienes somos y la gloria que nos ha sido concedida desde antes de la fundación del mundo, la mente natural no lo puede concebir, ni procesar, es demasiado grandioso.

Efesios 2:4-7

"Pero Dios, quien es rico en misericordia, a causa de su gran amor con que nos amó, aun estando nosotros muertos en delitos, nos dio vida juntamente con Cristo. ¡Por gracia son salvos! Y juntamente con Cristo Jesús, nos resucitó y nos hizo sentar en los lugares celestiales para mostrar en las edades venideras las superabundantes riquezas de su gracia, por su bondad hacia nosotros en Cristo Jesús."

85

ⲡⲉⲝⲉ·ⲓ̅ⲥ̅ ⲝⲉ
Said Jesus   this:

ⲛ̅ⲧⲁ·ⲁⲇⲁⲙ	·ⲱⲱⲡⲉ	ⲉⲃⲟⲗ	ⲍ̅ⲛ̅·ⲛⲟⲩ·ⲛⲟ6
Has-Adam	come-into-being	out	of-a-great
ⲛ̅·ⲇⲩⲛⲁⲙⲓⲥ	ⲙⲛ̅·ⲟⲩ·ⲛⲟ6		ⲙ̅·ⲙⲛ̅ⲧ·ⲡⲙ̅·ⲙⲁ-
power	and-a-great		rich-
-ⲟ	ⲁⲩⲱ	ⲙ̅ⲡⲉϥ·ⲱⲱⲡⲉ	ⲉ[ϥ·ⲙ̅ⲡ]ϣⲁ	ⲙ̅·ⲙⲱ·
-ness,	and	did-not-he-come-to-be	( )worthy	of-you-
·ⲧⲛ̅	ⲛⲉ·ⲩ·ⲁⲍⲓⲟⲥ ⲅⲁⲣ ⲡⲉ	[ⲛⲉϥ·ⲛⲁ·ⲝⲓ·ϯⲡⲉ]		
-(pl),	>(for) had-they!deserving (---) (been),	he-would-have-tasted		
ⲁⲛ	ⲙ̅·ⲡ·ⲙⲟⲩ			
not	(the)Death.			

Jesus said, "Adam came into being from a great power and a great wealth, but he did not become worthy of you. For had he been worthy, [he would] not [have experienced] death."

Jesús ha dicho: Adán entró en la existencia por un gran poder y por medio de una gran riqueza, pero sin embargo no se hizo digno de vosotros. Pues si hubiera sido digno, no habría saboreado la muerte.

INTERPRETACIÓN:

Entre todos los evangelios, este es el único dicho donde vemos a Jesús nombrando a Adán. Luego sería Pablo quien explicará con detalles la obra de Cristo como el postrer Adán, o dicho de otra manera, como el humano definitivo (1 Corintios 15:22-45).

Siguiendo la línea de los dichos de Jesús que recopila Tomás, debemos interpretar esta mención de Adán como "humanidad". Y no sólo como el varón.

Entonces este Adán (varón y varona) provinieron de la abundante riqueza y poder de su origen eterno en Dios. Pero la humanidad no mostró su dignidad absteniéndose de comer el árbol del conocimiento del bien y del mal, sino que lo saborearon, volviéndose muertos a esa riqueza y poder del que provenían (Génesis 2:7).

86

ΠΕϪΕ·ⲓⲥ Ϫ|ⲉ Ⲛ·ⲂⲀϢⲞⲢ ⲞⲨ]-
Said Jesus____   this: the-foxes   hav-
-[Ⲛ·ⲦⲀ·]Ⲩ·Ⲛ[ⲞⲨ·ⲂⲎⲂ] ⲀⲨⲰ Ⲛ·ⲀⲀⲦⲈ ⲞⲨⲚ·ⲦⲀ·Ⲩ
-e-they-their-dens,   and   the-birds   have-they
Ⲙ·ⲘⲀⲨ Ⲙ·[ⲠⲞ]Ⲩ·ⲘⲀⲢ Π·ϢⲎⲢⲈ ⲆⲈ Ⲙ·Π·ⲢⲰⲘⲈ
there   their-nest;   >   the-son,   hwvr,   of-the-man,
ⲘⲚ·ⲦⲀ·ϥ`  Ⲛ·[ⲚⲞⲨ]ⲘⲀ  Ⲉ·ⲠⲒⲔⲈ  Ⲛ·ⲦⲈϥ·`ⲀⲠⲈ Ⲛϥ·`
has-not-he   a-place   to-lay   his- \ -head   &()-
·ⲘⲦⲞⲚ`  Ⲙ[ⲘⲞ]·ϥ`
-rest   him(self).

Jesus said, "[The foxes have their holes] and the birds have their nests, but the son of man has no place to lay his head and rest."

Jesús ha dicho: Las zorras tienen sus guaridas y los pájaros tienen sus nidos, pero el hijo de la humanidad no tiene ningún lugar para poner su cabeza y descansar.

Este dicho es análogo a Mateo 8:20 y Lucas 9:58.

Mateo 8:20

"Jesús le dijo: Las zorras tienen guaridas, y las aves del cielo nidos; mas el Hijo del Hombre no tiene dónde recostar su cabeza."

En este caso, el dicho de Jesús va unido al dicho 87 de este evangelio.

Hasta ese momento la "cabeza" de la iglesia, no había sido establecida ni el lugar de Su reposo entre los hombres. La casa de Dios en aquel entonces, el Templo, había dejado de ser un lugar donde Dios reposara y se había tornado en un sistema religioso, mundano y corrupto. A este judaísmo caído es a quien Jesús llamó Zorras.

Lucas 13:31-32 y 34-35

"Aquel mismo día llegaron unos fariseos, diciéndole: Sal, y vete de aquí, porque Herodes te quiere matar. Y les dijo: Id, y decid a aquella zorra: He aquí, echo fuera demonios y hago curaciones hoy y mañana, y al tercer día termino mi obra.

¡Jerusalén, Jerusalén que matas a los profetas y apedreas a los que te son enviados!

¡Cuántas veces quise juntar a tus hijos, como la gallina a sus polluelos debajo de sus alas, y no quisiste! He aquí, vuestra casa os es dejada desierta; y os digo que no me veréis, hasta que llegue el tiempo en que digáis: Bendito el que viene en nombre del Señor."

Por eso dice "las zorras tienen guarida".

Una vez que la iglesia quedó establecida. Ahora Cristo tiene donde recostarse y establecerse. Es esposo, y es cabeza de ese cuerpo vivo (Efesios 4:15 y 5:23 - Colosenses 1:18).

Al mismo tiempo, la iglesia sería la nueva morada de Dios en la tierra, quedando ilegítimo el templo de Herodes (la guarida de las zorras) en el año 70.

87

ΠΕΧΑ·Ϥ Ñ6Ι·ĪC ΧΕ ΟΥ·ΤΑΛΑΙ-
Said-he, viz- Jesus this: a-wretch-
-ΠⲰΡΟΝˋ Π[Ε] Π·CⲰΜΑ ΕΤ·ΑϢΕ Ñ·ΟΥ·CⲰΜΑˋ
-ed-one is-he, the-body which-depends on-a-body,
ΑΥⲰ ΟΥ·Τ[Α]ΛΑΙΠⲰΡΟC ΤΕ Τ·ˋ·ΦΥΧΗ ΕΤ·ΑϢΕ
and a-wretched-one is-she, the-\ -soul which-depends
Ñ·ΝΑΕΙ Ñ·Π·CΝΑΥ
on-these, the-two.

Jesus said, "Wretched is the body that is dependent upon a body, and wretched is the soul that is dependent on these two."

Jesús ha dicho: Maldito sea el cuerpo que depende de otro cuerpo, y maldita sea el alma que depende de estos cuerpos juntos.

INTERPRETACIÓN:

Entendiendo el dicho 86, éste se aclara.

Jesús emite una sentencia sobre aquellos que prefieran depender del sistema o de "otro cuerpo".

Una referencia clara a las palabras de Jeremías cuando el profeta habla del pecado de Judá que decidió confiar en el sistema de impiedad.

Jeremías 17:4-5

"Y perderás la heredad que yo te di, y te haré servir a tus enemigos en tierra que no conociste; porque fuego habéis encendido en mi furor, que para siempre arderá. Así ha dicho Jehová: Maldito el varón que confía en el hombre, y pone carne por su brazo, y su corazón se aparta de Jehová."

88

ΠΕΧΕ·ΙΣ ΧΕ Ν·ΑΓΓΕΛΟΣ
Said Jesus this: the-angels

·ΝΗΥ ϢΑΡΩ·ΤΝ ΜΝ·Ν·ΠΡΟΦΗΤΗΣ ΑΥΩ ΣΕ·
-come upto-you(pl) with-the-prophets, and they-

·ΝΑ·Ϯ ΝΗ·ΤΝ Ν·ΝΕΤ·ΕΥΝ·ΤΗ·ΤΝ·ΣΕ ΑΥΩ
-will-give to-you(pl) those-which-have-you(pl)-them, > and

Ν·ΤΩ·ΤΝ ϨΩΤ·\·ΤΗΥΤΝ ΝΕΤ·ΝΤΟΤ·\·ΤΗΝΕ
you(pl) also-\-yourselves, those-who-are-of-\-you(pl),

·ΤΑΑ·Υ ΝΑ·Υ ΝΤΕΤΝ·ΧΟ·ΟΣ ΝΗ·ΤΝ ΧΕ ΑϢ Ν·
-give-them to-them &-you(pl)-speak to-you(rselves) this- "Which -

·ϨΟΟΥ ΠΕΤ·ΟΥ·ΝΝΗΥ ΝΣΕ·ΧΙ·ΠΕΤΕ·ΠΩ·ΟΥ
-day is-it(m)-they-come &()take-he-who-is-theirs?"

Jesus said, "The angels and the prophets will come to you and give to you those things you (already) have. And you too, give them those things which you have, and say to yourselves, 'When will they come and take what is theirs?' "

Jesús ha dicho: Los ángeles y los oráculos vendrán a vosotros y os regalarán lo vuestro. Y vosotros mismos, dadles lo que tenéis en vuestras manos y decid entre vosotros: ¿En qué día vendrán para recibir lo suyo?

INTERPRETACIÓN:

Esta es una promesa unida a una interrogante, ya que los ángeles y los ungidos (profetas y reyes sabios) habían sido enviados para servir a Israel y para anunciar, de tiempo en tiempo, la venida del mesías (Proverbios 16:10).

"Para regalarles a los hombres aquello que se les había concedido": Cuando el Mesías prometido se manifestó, los tiempos se cumplieron en Él, y se dio paso a una era nueva. La que incluía una manera distinta de funcionar de los ángeles y los ungidos.

Por esto Jesús pregunta "¿en qué día vendrán para recibir lo suyo?". Refiriéndose al día de justicia y retribución (Lucas 21:22 y 2 Tesalonicenses 1:6-12), cuando el sistema de impiedad fue destruido en el año 70.

En esta nueva era en Cristo, los ángeles pudieron ver a Cristo redimiendo el universo y tuvieron el privilegio de adorarlo. Este es un fundamento del evangelio (**1 Timoteo 3:16**).

> "E indiscutiblemente, grande es el misterio de la piedad: Dios fue manifestado en carne, Justificado en el Espíritu, Visto de los ángeles, Predicado a los gentiles, Creído en el mundo, Recibido arriba en gloria."

Fue en este momento cuando los ángeles recibieron cartas para las iglesias, incienso, trompetas, copas, etc. (Apocalipsis 2:1, Apoc. 8:2-3 y Apoc. 15:7) pero también recibieron sabiduría del evangelio que no habían conocido (1 Pedro 3:22) y la compañía de los santos hechos perfectos (Hebreos 12:22). Ese día se cumplió, y tanto los ungidos como los ángeles están recibiendo cosas nuevas.

89

ПЄХЄ·ĪC	ХЄ	ЄТВЄ·ОY	ТЄТ̄Ν·ЄІѠЄ	М̄·П·СА·Н·
Said Jesus	this:	Because-of-what	do-you(pl)-wash	the-side-

·ВОⲀ	М̄·П·ПОТНРІОN	ТЄТ̄Ν·Р̄·NОЄІ	ⲀN	ХЄ
-outer	of-the-cup?	> Do-you(pl)-understand	not	that

ПЄNТАⲅ·ТАМІО	М̄·П·СА·N·ⲌОYN	Н̄·ТО·ϥ	ОN
whoever-created	the-side-inner,	he	also

ПЄNТАϥ·ТАМІО	М̄·П·СА·N·ВОⲀ
(is)he-who()created	the-side-outer?

Jesus said, "Why do you wash the outside of the cup? Do you not realise that he who made the inside is the same one who made the outside?"

Jesús ha dicho: ¿Por qué laváis el exterior del cáliz? ¿No notáis que quien crea el interior, también es quien crea el exterior?

INTERPRETACIÓN:

Este pasaje es análogo a la represión dada a los fariseos en **Mateo 23:25 -26**

> "¡Ay de vosotros, escribas y fariseos, hipócritas! porque limpiáis lo de fuera del vaso y del plato, pero por dentro estáis llenos de robo y de injusticia. ¡Fariseo ciego! Limpia primero lo de dentro del vaso y del plato, para que también lo de fuera sea limpio."

90

ⲡⲉϫⲉ·ⲓ̅ⲥ̅
Said Jesus

ϫⲉ ·ⲁⲙⲏⲉⲓⲧⲛ̅ ϣⲁⲣⲟ·ⲉⲓ̈ ϫⲉ ⲟⲩ·ⲭⲣⲏⲥⲧⲟⲥ
this: Come-you(pl) upto-me, for a-just-one

ⲡⲉ ⲡⲁ·ⲛⲁϩⲃ̀ ⲁⲩⲱ ⲧⲁ·ⲙⲛ̅ⲧ·ϫⲟⲉⲓⲥ ⲟⲩ·ⲣⲙ̅·
is(m) my-yoke, and my-Lordship a-man-

·ⲣⲁϣ ⲧⲉ ⲁⲩⲱ ⲧⲉⲧⲛⲁ·ϩⲉ ⲁ·ⲩ·ⲁⲛⲁⲩⲡⲁⲥⲓⲥ ⲛⲏ·
-gentle is-she, > and you(pl)-will-fall into-a-repose to-

·ⲧⲛ̅
-you(pl).

Jesus said, "Come unto me, for my yoke is easy and my lordship is mild, and you will find repose for yourselves."

Jesús ha dicho: Venid a mí, pues mi yugo es natural y mi dominio es manso y encontraréis reposo para vosotros mismos.

INTERPRETACIÓN:

Este pasaje es análogo a **Mateo 11:29-30**

> "Llevad mi yugo sobre vosotros, y aprended de mí, que soy manso y humilde de corazón; y hallaréis descanso para vuestras almas; porque mi yugo es fácil, y ligera mi carga."

El énfasis en las palabras es diferente en el versículo de Tomás. Esto nos amplía la idea original del pasaje del evangelio de Mateo.

Al decir "mi yugo es natural", implica que es fácil. Ya que no requiere de rituales, esfuerzos externos o posesiones por alcanzar. Como lo fue en la ley.

Estamos enyugados con Cristo. Como iglesia somos su cónyuge, pero su dominio sobre nosotros es manso.

91

ⲡⲉⲭⲁ·ⲩ	ⲛⲁ·ϥ	ⲭⲉ	·ⲭⲟ·ⲟⲥ	ⲉⲣⲟ·ⲛ	ⲭⲉ
Said-they	to-him	this:	"Speak __	to-us	this:

ⲛ̄ⲧⲕ·ⲛⲓⲙ	ϣⲓⲛⲁ	ⲉⲛⲁ·ⲣ̄·ⲡⲓⲥⲧⲉⲩⲉ	ⲉⲣⲟ·ⲕ	ⲡⲉ-
you(sg)(are)who,	so	we-may-believe	you(sg)."	> Sa-

-ⲭⲁ·ϥ	ⲛⲁ·ⲩ	ⲭⲉ	ⲧⲉⲧⲛ̄·ⲣ̄·ⲡⲓⲣⲁⲍⲉ	ⲙ̄·ⲡ·ϩⲟ	ⲛ̄·ⲧ·ⲡⲉ
-id-he	to-them	this:	" you(pl)-read	the-face	of-the-sky

ⲙⲛ̄·ⲡ·ⲕⲁϩ	ⲁⲩⲱ	ⲡⲉⲧ·ⲛ̄·ⲡⲉⲧⲛ̄·ⲙ̄ⲧⲟ	ⲉⲃⲟⲗ
and-the-earth,	and	he-who-was-of-your(pl)-presence	( ),

ⲙ̄ⲡⲉⲧⲛ̄·ⲥⲟⲩⲱⲛ·ϥ	ⲁⲩⲱ	ⲡⲉⲉⲓ·ⲕⲁⲓⲣⲟⲥ	ⲧⲉ-
you(pl)-did-not-know-him, __	and	this-moment,	you-

-ⲧⲛ̄·ⲥⲟⲟⲩⲛ	ⲁⲛ	ⲛ̄·ⲣ̄·ⲡⲓⲣⲁⲍⲉ	ⲙ̄·ⲙⲟ·ϥ
-(pl)-know	not	(how) to-read	him."

They said to him, "Tell us who you are so that we may believe in you." He said to them, "You read the face of the sky and of the earth, but you have not

recognized the one who is before you, and you do not know how to read this moment."

Le dicen: Dinos quién eres tú, para que podamos confiar en ti.

Él les dice: Escudriñáis la faz del Cielo y de la tierra mas no habéis conocido a quien está frente a vuestro rostro, y no sabéis preguntarle en este momento.

Este pasaje es análogo a **Mateo 16:3**

" "Y por la mañana: Hoy habrá tempestad; porque tiene arreboles el cielo nublado. ¡Hipócritas! que sabéis distinguir el aspecto del cielo, ¡más las señales de los tiempos no podéis!"

Pero aquí Tomás registra una reprensión más. Incluye el hecho de que después de esperar por tantos años al Mesías, ahora que lo tienen enfrente, ni lo reconocen, ni saben hacer buenas preguntas.

Al leer esto nuestro espíritu debe cuestionarse, ¿qué pregunta deberíamos hacer al Padre y no la estamos haciendo?

92

ΠЄΧЄ
Said

ĪC	ΧЄ	·ϢΙΝЄ	ΑΥⲰ	ΤЄΤΝΑ·ϬΙΝЄ	Αⲗⲗⲁ	ΝЄ-
Jesus this:		Seek,	and	you(pl)-will-find; >	but	those-

-Τ·ΑΤЄΤΝ·ΧΝΟΥ·ЄΙ   ЄΡΟ·ΟΥ   Ν̄·ΝΙ·ϨΟΟΥ   Є·Μ̄ΠΙ·
-which-you(pl)-asked-me   about-()   in-those-days,   I-did-not-

·ΧΟ·ΟΥ   ΝΗ·ΤΝ̄   Μ̄·ΦΟΟΥ   ЄΤ·Μ̄·ΜΑΥ   ΤЄΝΟΥ
-tell-them   to-you(pl)   in-the-day   which-was-there;   now,

Є·ϨΝΑ·Ï   Є·ΧΟ·ΟΥ   ΑΥⲰ   ΤЄΤΝ̄·ϢΙΝЄ   ΑΝ`   Ν̄ϹⲰ·
it-pleases-me   to-tell-them,   and   you(pl)-seek   not   after-

·ΟΥ
-them.

Jesus said, "Seek and you will find. Yet, what you asked me about in former times and which I did not tell you then, now I do desire to tell, but you do not inquire after it."

Jesús ha dicho: Buscad y encontraréis. Mas esas cosas que me preguntabais en aquellos días, no os las dije entonces. Ahora quiero comunicarlas, pero no preguntáis de ellas.

INTERPRETACIÓN:

Aquí comienza con una frase análoga a Mateo 7:7 y Lucas 11:9

Mateo 7:7
"Pedid, y se os dará; buscad, y hallaréis; llamad, y se os abrirá."

Luego, continuando con el énfasis de los dichos anteriores, Jesús les dice que ahora Él puede responder a las preguntas que Israel hizo por tantos años. Pero ahora que Cristo quiere dárselas a conocer, ellos no están haciendo las preguntas correctas.

93

ⲘⲠⲢ·Ϯ·ⲠⲈⲦ·ⲞⲨⲀⲀⲂ   Ⲛ·Ⲛ·ⲞⲨϨⲞⲞⲢˋ   ⲬⲈⲔⲀⲤ
Do-not-give-what-is-holy   to-the-dogs,   sothat(sp)
ⲚⲞⲨ·ⲚⲞⲬ·ⲞⲨ   Ⲉ·Ⲧ·ⲔⲞⲠⲢⲒⲀ   ⲘⲠⲢ·ⲚⲞⲨⲬⲈ   Ⲛ·Ⲙ·
they-not-cast-them   onto-the-dungheap;   >   do-not-cast   the-
·ⲘⲀⲢⲄⲀⲢⲒⲦⲎ[Ⲥ   Ⲛ·]Ⲛ·ⲈϢⲀⲨ   ϢⲒⲚⲀ   ⲬⲈ   ⲚⲞⲨ·Ⲁ·ⲀϤˋ
-pearls   to-the-swine,   so   that   they-not-make-him
[-]·Ⲁ[---]

\<Jesus said,\> "Do not give what is holy to dogs, lest they throw them on the dung heap. Do not throw the pearls [to] swine, lest they . . . it [. . .]."

Jesús ha dicho: No deis lo sagrado a los perros, para que no lo echen en el montón de estiércol. No arrojéis las perlas a los cerdos, para que no lo hagan...

INTERPRETACIÓN:

Este pasaje es análogo a

Mateo 7:6
"No deis lo santo a los perros, ni echéis vuestras perlas delante de los cerdos, no sea que las pisoteen, y se vuelvan y os despedacen."

La mente natural y religiosa, en este caso la de los fariseos, no puede apreciar las verdades o perlas del cielo y por lo tanto las pisotea o las mezcla con sus preceptos y justicia humana que a los ojos de Dios son trapos de inmundicia.

La palabra perros en griego es cínicos, refiriéndose a las corrientes filosóficas que habían infestado Israel, especialmente la que lleva este nombre.

94

ⲡⲉⲝⲉ·ⲓ̅ⲥ̅ <> **ⲡⲉⲧ·ϣⲓⲛⲉ** **ϥ·ⲛⲁ·ϭⲓⲛⲉ**
Said Jesus (this): He-who-seeks, he-will-find,

[ⲁⲩⲱ **ⲡⲉⲧ·ⲧⲁϩⲙ̀** **ⲉ·]ϩⲟⲩⲛ** **ⲥⲉ·ⲛⲁ·ⲟⲩⲱⲛ** **ⲛⲁ·ϥ̀**
and he-who-is-called in, they-will-open to-him.

Jesus [said], "He who seeks will find, and [he who knocks] will be let in."

Jesús ha dicho: Quien busca encontrará, y a quien toca se le abrirá.

INTERPRETACIÓN:

Este pasaje es análogo a Mateo 7:7 y Lucas 11:9

> **Mateo 7:7**
> "Pedid, y se os dará; buscad, y hallaréis; llamad, y se os abrirá."

A la luz de lo mencionado anteriormente, Jesús invita a que tengan deseos de encontrar las perlas y de que se le abran las puertas que hasta ese momento estaban cerradas.

95

[ⲡⲉⲝⲉ·ⲓ̅ⲥ̅ **ⲝⲉ]** **ⲉϣⲱⲡⲉ** **ⲟⲩⲛ̄·ⲧⲏ·ⲧⲛ̄·ϩⲟⲙⲧ̀**
Said Jesus this: If have-you(pl)-money,

ⲙ̄ⲡⲣ̄·ϯ **ⲉ·ⲧ·ⲙⲏⲥⲉ** **ⲁⲗⲗⲁ ϯ** **[ⲙ̄ⲙⲟϥ** **ⲙ̄·]ⲡⲉ[ⲧⲉ]-**
do-not-give (at-interest). >Rather, give it/him to-he-who-you-

-ⲧⲛⲁ·ⲝⲓⲧ·ⲟⲩ ⲁⲛ **ⲛ̄·ⲧⲟⲟⲧ·ϥ̀**
-(pl)-will-take() not from-his-hand.

[Jesus said], "If you have money do not lend it at interest, but give [it] to one from whom you will not get it back."

Jesús ha dicho: Si tenéis monedas de cobre, no las prestéis a interés, sino dadlas a ellos de quienes no recibiréis reembolso.

INTERPRETACIÓN:

Este pasaje es similar a las palabras que Jesús declaró durante la comida en casa del gobernante fariseo.

Lucas 14:12-14

"Dijo también al que le había convidado: Cuando hagas comida o cena, no llames a tus amigos, ni a tus hermanos, ni a tus parientes, ni a vecinos ricos; no sea que ellos a su vez te vuelvan a convidar, y seas recompensado. Mas cuando hagas banquete, llama a los pobres, los mancos, los cojos y los ciegos; y serás bienaventurado; porque ellos no te pueden recompensar, pero te será recompensado en la resurrección de los justos."

Aquí Jesús introduce nuevamente la idea de que el Reino es generoso y se vive desde la generosidad.

96

ΠЄΧЄ·ῙϹ	ΧЄ	Τ·Μ̄Ν̄-
Said Jesus	this:	the-king-

-ΤЄΡΟ	Μ̄·Π·ЄΙⲰΤ˙	ЄϹ·ΤΝ̄ΤⲰ[Ν	Є·Υ·]ϹϨΙΜЄ
-dom	of-the-father,	she-compares	to-a-woman;

ΑϹ·ΧΙ	Ν̄·ΟΥ·ΚΟΥЄΙ	Ν̄·ϹΑЄΙΡ	[ΑϹ·ϨΟ]Π·Ϥ˙	ϨΝ̄·
she-took	a-little-bit	of-leaven;	she-hid-it/him	in-

·ΟΥ·ϢⲰΤЄ	ΑϹ·Α·ΑϤ	Ν̄·ϨΝ̄·ΝΟ[Ϭ	Ν̄]Ν·ΟЄΙΚ˙
-(a)dough;	she-made-it/him	(into)some-great(loaves)	of-bread.

ΠЄΤ·ЄΥΜ̄·ΜΑΑΧЄ	Μ̄·ΜΟ·Ϥ	ΜΑ[ΡЄϤ·]ϹⲰΤΜ̄˙
He-who-has-ear	of-him,	let-him-listen.

Jesus said, "The kingdom of the father is like [a certain] woman. She took a little leaven, [concealed] it in some dough, and made it into large loaves. Let him who has ears hear."

Jesús ha dicho: El Reino del Padre se asemeja a una mujer que ha tomado un poco de levadura y la ha escondido en la masa, produjo panes grandes de ella. Quien tiene oídos, ¡que oiga!

INTERPRETACIÓN:

Este pasaje es análogo a

> **Mateo 13:33**
>
> "Y sigue sosteniendo este principio. Al ser el Reino generoso, también tiende a la abundancia y a la expansión."

Una palabra, una perla, o una simple respuesta del Cielo, puede expandirse hasta invadirlo todo.

97

ⲡⲉⲝⲉ·ⲓ̅ⲥ̅ ⲝⲉ ⲧ·ⲙ̅ⲛ̅ⲧⲉⲣⲟ ⲙ̅·ⲡ·ⲉ[ⲓⲱⲧ`] ⲉⲥ·]ⲧ̅ⲛ̅-
Said Jesus this: the-kingdom of-the-father, she-com-

-ⲧⲱⲛ ⲁ·ⲩ·ⲥ̄ϩⲓⲙⲉ ⲉⲥ·ϥⲓ ϩⲁ·ⲟⲩ·ϭⲗ[ⲙⲉⲉⲓ] ⲉϥ·`
-pares to-a-woman ()bearing under-a-jar, ()-

·ⲙⲉϩ ⲛ̄·ⲛⲟⲉⲓⲧ` ⲉⲥ·ⲙⲟⲟⲱⲉ ϩ[ⲓ·ⲟⲩ·]ϩⲓⲏ`
-full of-meal; > ()-walking on-a-road

ⲉⲥ·ⲟⲩⲏⲟⲩ ⲁ·ⲡ·ⲙⲁⲁⲝⲉ ⲙ̄·ⲡ·ϭⲗⲙ[ⲉⲉⲓ] ·ⲟⲩ-
()faraway; did-the-ear of-the-jar br-

-ⲱϭⲡ` ⲁ·ⲡ·ⲛⲟⲉⲓⲧ` ·ⲱⲟⲩⲟ ⲛ̄ⲥⲱ·[ⲥ ϩⲓ·]ⲧⲉ·ϩⲓ-
-eak; did-the-meal empty(out) after-her on-the-roa-

-ⲏ ⲛⲉ·ⲥ·ⲥⲟⲟⲩⲛ ⲁⲛ ⲡⲉ ⲛⲉ·ⲙ̄ⲡⲉⲥ·ⲉⲓⲙⲉ
-d; > she-knew not (it) tobe; did-not-she-realize

ⲉ·ϩⲓⲥⲉ ⲛ̄ⲧⲁⲣⲉⲥ·ⲡⲱϩ ⲉϩⲟⲩⲛ ⲉ·ⲡⲉⲥ·ϩⲉⲓ
a-trouble(?); > when-she-opened in to-her-house,

ⲁⲥ·ⲕⲁ·ⲡ·ϭⲗⲙⲉⲉⲓ ⲁ·ⲡ·ⲉⲥⲏⲧ` ⲁⲥ·ϩⲉ ⲉⲣⲟ·ϥ ⲉϥ·`
she-put-the-jar (down); she-fell on-him, he-being-

·ⲱⲟⲩⲉⲓⲧ`
-empty.

Jesus said, "The kingdom of the [father] is like a certain woman who was carrying a [jar] full of meal. While she was walking [on the] road, still some distance from home, the handle of the jar broke and the meal emptied out behind her [on] the road. She did not realize it; she had noticed no accident. When she reached her house, she set the jar down and found it empty."

Jesús ha dicho: El Reino del Padre se asemeja a una mujer que llevaba una jarra llena de grano. Mientras estaba andando por un camino lejano, se rompió el asa de la jarra, derramó el grano detrás de ella en el camino.

No lo sabía, no había notado ningún accidente.

Cuando llegó a su casa, puso la jarra en el suelo, la descubrió vacía.

INTERPRETACIÓN:

Jesús está mostrando la generosidad del Reino. El Reino implica que lo interior (el grano de la jarra) sea vaciado hacia lo exterior; que una perla o tesoro escondido sea descubierto (Mateo 13:46); que una virtud sea impartida a otros aún cuando esto sea por accidente o sin el control de quien posee el grano, la perla o el tesoro (2 Corintios 4:7).

Jesús mismo lo experimentó ante la mujer de flujo de sangre. Quien, por medio de la fe, extrajo de Cristo la virtud para su sanidad (Marcos 5:25-34).

Otra posible interpretación, se puede referir a estar conscientes de las bendiciones que hemos recibido de Dios. Que no dejemos que accidentalmente se pierdan o nos sean robadas, sino como buenos administradores lleguemos al final del camino llenos del fruto que Él nos concedió.

98

ΠΕϪΕ·ΙC <> Τ·ΜΝΤΕΡΟ Μ·Π·ΕΙΩΤˋ
Said Jesus (this) the-kingdom of-the-father,

ΕC·ΤΝΤΩΝ Ε·Υ·ΡΩΜΕ ΕϤ·ΟΥΩϢ Ε·ΜΟΥΤ
she-compares to-a-man ()wanting to-kill-

·Τ·CΗϤΕ ϨΜ·ΠΕϤ·ΗΕΙ ΑϤ·ϪΟΤ·C Ν·Τ·ϪΟ ϪΕ-
-the-sword in-his-house; he-stuck-her into-the-wall, so-

-ΚΑΑC ΕϤ·ΝΑ·ΕΙΜΕ ϪΕ ΤΕϤ·ϬΙϪˋ ·ΝΑ·ΤΩΚˋ
-that he-might-realize that his-hand (would)-be-strong

ΕϨΟΥΝ ΤΟΤΕ ΑϤ·ϨΩΤΒ Μ·Π·ΜΕΓΙCΤΑΝΟC
inwardly(?), > then he-slew the-powerful-one.

Jesus said, "The kingdom of the father is like a certain man who wanted to kill a powerful man. In his own house he drew his sword and stuck it into the wall in order to find out whether his hand could carry through. Then he slew the powerful man."

Jesús ha dicho: El Reino del Padre se asemeja a una persona que deseaba asesinar a un hombre prominente, desenvainó su espada en su casa, la clavó en la pared para averiguar si su mano prevalecería. Luego asesinó al hombre prominente.

INTERPRETACIÓN:

Este pasaje debe ser entendido análogo a Mateo 10:34.

> **Mateo 10:34**
> "No penséis que he venido para traer

paz a la tierra; no he venido para traer paz, sino espada."

Aquí Jesús vuelve a recordar el juicio y la espada que vendría sobre el sistema (Mateo 10:34), quién en este caso sería el "hombre prominente". Y de quien Jesús mismo profetizó en Lucas 21:24 al soltar el juicio en Jerusalén.

Lucas 21:24
"Y caerán a filo de espada, y serán llevados cautivos a todas las naciones; y Jerusalén será hollada por los gentiles, hasta que los tiempos de los gentiles se cumplan."

El Reino había enviado sus profetas como espada en la mano de Dios, habían declarado muchas veces el juicio contra el sistema de impiedad sostenido por escribas, fariseos y saduceos y avalado por Herodes (Edom). (Isaías 34:5, Jeremías 12:12, Ezequiel 11:8-10).

El hombre prominente, es decir el sistema religioso y mundano, sería derrotado completamente por Dios mismo. La casa impía sería saqueada (Mateo 12:29).

Esto ocurriría en el año setenta con la destrucción del templo.

ΠΕΧΕ·Μ·ΜΑΘΗΤΗС	ΝΑ·Ϥ	ΧΕ	ΝΕΚ·ˋ·СΝΗΥ
Said-the-disciples	to-him	this:	your(sg)-\\-brothers
ΜΝ·ΤΕΚ·ΜΑΑΥ	СΕ·ΑϨΕΡΑΤ·ΟΥ		Ϩι·Π·СΑ·Ν·
and-your(sg)-mother,	they-are-standing()		on-the-side-
·ΒΟΛ	ΠΕΧΑ·Ϥ	ΝΑ·Υ	ΧΕ	ΝΕΤ·Ν·ΝΕΕΙ·ΜΑ
-outer.	> Said-he	to-them	this:	those-in-these-places
ΕΤΡΕ	Μ·Π·ΟΥΩϢ	Μ·ΠΑ·ΕΙΩΤˋ	ΝΑΕΙ	ΝΕ
who-do	the-will	of-my-father,	these	are
ΝΑ·СΝΗΥ	ΜΝ·ΤΑ·ΜΑΑΥ	Ν·ΤΟ·ΟΥ	ΠΕ	ΕΤ·ΝΑ·
my-brothers	and-my-mother;	> they	are-he	who-will
·ΒΩΚˋ	ΕϨΟΥΝ	Ε·Τ·ΜΝΤΕΡΟ		Μ·ΠΑ·ΕΙΩΤˋ
-go	in	to-the-kingdom		of-my-father.

The disciples said to him, "Your brothers and your mother are standing outside." He said to them, "Those here who do the will of my father are my brothers and my mother. It is they who will enter the kingdom of my father."

Le dicen sus discípulos: Tus hermanos y tu madre están de pie afuera.

El les dice: Quienes están aquí, que cumplen los deseos de mi Padre, estos son mis hermanos y mi Madre. Ellos son los que entrarán en el Reino de mi Padre.

INTERPRETACIÓN:

Este pasaje es análogo a

Mateo 12:46-50

"Mientras él aún hablaba a la gente, he aquí su madre y sus hermanos estaban afuera, y le querían hablar. "Y le dijo uno: He aquí tu madre y tus hermanos están afuera, y te quieren hablar. Respondiendo él al que le decía esto, dijo: ¿Quién es mi madre, y quiénes son mis hermanos? Y extendiendo su mano hacia sus discípulos, dijo: He aquí mi madre y mis hermanos. Porque todo aquel que hace la voluntad de mi Padre que está en los cielos, ése es mi hermano, y hermana, y madre."

100

ΑΥ·ΤCΕΒΕ·ℑ̄C̄	Α·Υ·ΝΟΥΒ	ΑΥѠ	ΠΕΧΑ·Υ	ΝΑ·ϥ`
They-showed·Jesus	a-coin,	and	said-they	to-him

ХЄ	ΝΕΤ·ΗΠ`	Α·ΚΑΙϹΑΡ`	ϹΕ·ѠΙΤΕ	Ϻ̄·ΜΟ·Ν	Ν̄·
this: "Those-who-belong	to-Caesar,	they-demand	of-us	-

·Ν̄·ϢѠΜ`	ΠΕΧΑ·ϥ	ΝΑ·Υ	ХЄ	·†·ΝΑ·ΚΑΙϹΑΡ`
-the-taxes." >	Said-he	to-them	this:	"Give-that-of-Caesar

Ν̄·ΚΑΙϹΑΡ	·†·ΝΑ·Π·ΝΟΥΤΕ	Ϻ̄·Π·ΝΟΥΤΕ
to-Caesar, >	give-that-of-(the)God	to-(the)God,

ΑΥѠ	ΠΕΤΕ·ΠѠ·ΕΙ	ΠΕ	ΜΑ·Τ̄Ν̄ΝΑ·ΕΙ·ϥ
and	he-who-mine	is,	give-to-me(him)."

They showed Jesus a gold coin and said to him, "Caesar's men demand taxes from us." He said to them, "Give Caesar what belongs to Caesar, give God what belongs to God, and give me what is mine."

Le muestran a Jesús una moneda de oro y le dicen: Los agentes de César nos exigen tributos.

El les dice: Dad a César lo de César, dad a Dios lo de Dios, y dadme a mí lo mío.

INTERPRETACIÓN:

Este pasaje es análogo a Mateo 22:19-21 y de Marcos 12:14-17

> **Mateo 22:19-21**
>
> "Mostradme la moneda del tributo. Y ellos le presentaron un denario. Entonces les dijo:¿De quién es esta imagen, y la inscripción? Le dijeron: De César. Y les dijo: Dad, pues, a César lo que es de César, y a Dios lo que es de Dios."

101

ΠΕΤΑ·ΜΕϹΤΕ·ΠΕϥ·Ε[ΙѠΤˋ   Α]Ν   ΜΝ̄·ΤΕϥ·ˋ
Whoever-hates-his-father   not,   and-his-
·ΜΑΑУ Ν̄·ΤΑ·2Ε ϥ·ΝΑѰ·Ρ̄·Μ[ΑΘΗΤΗ]Ϲ [ΝΑ·]ΕΙ Α ̄
-mother, in-my-way,   he-can-become-disciple   to-me   not;
ΑУѠ ΠΕΤΑ·Μ̄Ρ̄ΡΕ·ΠΕ[ϥ·ΕΙѠΤˋ   ΑΝ ΜΝ̄·Τ]Εϥ·ˋ
and   whoever-loves-his-father   not,   and-his-
·ΜΑΑУ Ν̄·ΤΑ·2Ε ϥ·ΝΑѰ·Ρ̄·Μ[ΑΘΗΤΗϹ   ΝΑ·]
-mother, in-my-way,   he-can-become-disciple   to-
·ΕΙ ΑΝ   ΤΑ·ΜΑΑУ ΓΑΡ Ν̄ΤΑ[Ϲ·ΧΠΕ·ΠΑ·ϹѠΜΑ]
-me not; > (for) my-mother, (---),   she-begot-my-body(?)
[ΕΒ]ΟΛ [ΤΑ·ΜΑΑУ] ΔΕ Μ̄·ΜΕ ΑϹ·† ΝΑ·ΕΙ ·Π·ѠΝ2
forth;   my-mother, hwvr, true, she-gave to-me The-Life.

<Jesus said,> "Whoever does not hate his [father] and his mother as I do cannot become a [disciple] to me. And whoever does [not] love his [father and] his mother as I do cannot become a [disciple to] me. For my mother[. . .], but [my] true [mother] gave me life." belongs to Caesar, give God what belongs to God, and give me what is mine."

Jesús ha dicho: Quien no odia a su padre y a su madre a mi manera, no podrá hacerse discípulo mío. Y quien no ama a su Padre y a su Madre a mi manera, no podrá hacerse discípulo mío. Pues mi madre me parió, mas mi Madre verdadera me dio la vida.

INTERPRETACIÓN:

La idea de que el vínculo con el Reino está por encima de los vínculos familiares, es un planteamiento descrito por Jesús en los evangelios sinópticos. Aquí Tomas los incluye en los dichos 55, 99 y 101.

Siendo este pasaje análogo a

Lucas 14:26

"Si alguno viene a mí, y no aborrece a su padre, y madre, y mujer, e hijos, y hermanos, y hermanas, y aun también su propia vida, no puede ser mi discípulo."

Notemos que incluye el concepto de "madre", para dejar claro que María, no sería su madre en el espíritu, sino solamente en lo físico.

Aquí Jesús introduce la idea de que, como hijos libres, tenemos otra madre, y esto podría entenderse juntamente con las palabras de Pablo en **Gálatas 4:26.**

> "Mas la Jerusalén de arriba, la cual es madre de todos nosotros, es libre."

102

ΠΕΧΕ·ĪC |ΧΕ   Ο|ΥΟΕΙ   ΝΑ·Υ   Μ̄·ΦΑΡΙCΑΙΟC   ΧΕ
Said Jesus   this: Woe   to-them,   the-Pharisees,   for
ΕΥ·ΕΙΝ[Ε   Ν̄·Ν]ΟΥ·ΟΥϨΟΡ   ΕϤ·Ν̄ΚΟΤΚ˴   ϨΙΧΝ̄·Π·ΟΥ-
they-resemble   a-dog   ()resting   upon-the-man-
-ΟΝΕϤ˴   Ν̄·[ϨΕΝ]·ΕϨΟΟΥ   ΧΕ   ΟΥΤΕ   Ϥ·ΟΥѠΜ   ΑΝ
-ger   of-some-oxen,   for   n/nor   he-eats   not
ΟΥΤΕ   Ϥ·[ΚѠ   Α]Ν   Ν̄·Ν·ΕϨΟΟΥ   Ε·ΟΥѠΜ
n/nor   he-permits not   the-oxen   to-eat.

Jesus said, "Woe to the Pharisees, for they are like a dog sleeping in the manger of oxen, for neither does he eat nor does he [let] the oxen eat."

Jesús ha dicho: ¡Ay de los clérigos! pues se asemejan a un perro dormido en el pesebre de los bueyes. Ya que ni come ni deja que coman los bueyes.

La figura es similar a la sentencia de Cristo en

Mateo 23:13

"Mas ¡ay de vosotros, escribas y fariseos, hipócritas! porque cerráis el reino de los cielos delante de los hombres; pues ni entráis vosotros, ni dejáis entrar a los que están entrando."

Hay una condena para aquellos que teniendo la llave, o en este caso la comida, no entran, ni comen, ni dejan a otros entrar ni comer.

Estos eran en aquel tiempo los escribas, saduceos y fariseos. Los clérigos del judaísmo y los religiosos de todos los tiempos.

(En el dicho 39, Jesús se refiere a los clérigos y teólogos que teniendo las llaves del conocimiento no dejan entrar.)

103

ⲝⲉ ⲟⲩ·ⲙ[ⲁⲕⲁ]ⲣⲓⲟⲥ ⲡⲉ ⲡ·ⲣⲱⲙⲉ ⲡⲁⲉⲓ ⲉⲧ·ⲥⲟⲟⲩ⁻
this: a-blessed-one   is(m) the-man, the-one   who-knows

ⲝⲉ   ⲍ[ⲛ̄·ⲁⲱ]   ⲙ̄·ⲙⲉⲣⲟⲥ ⲉ·ⲛ·ⲗⲏⲥⲧⲏⲥ ·ⲛⲏⲩ ⲉⲍⲟⲩ⁻
that in-which   part   do-the-thieves   come   in,

ⲱⲓⲛⲁ   [ⲉϥ·ⲛ]ⲁ·ⲧⲱⲟⲩⲛ̀   ⲛ̄ϥ·ⲥⲱⲟⲩⲍ   ⲛ̄·ⲧⲉϥ·̀
so   he-may-arise   &()-gather   his-

·ⲙⲛ̄ⲧ[ⲉⲣⲟ] ⲁⲩⲱ   ⲛ̄ϥ·ⲙⲟⲩⲣ   ⲙ̄·ⲙⲟ·ϥ̀   ⲉⲭⲛ̄·ⲧⲉϥ·̀
-kingdom,   and   ()()-bind   him (self)   upon-his-

·ⲧⲡⲉ   [ⲍⲁ]·ⲧ·ⲉⲍⲏ   ⲉⲙ̀ⲡⲁⲧⲟⲩ·ⲉⲓ ⲉⲍⲟⲩⲛ
-loins from-the-beginning, bef\ore-they-come   in.

Jesus said, "Fortunate is the man who knows where the brigands will enter, so that [he] may get up, muster his domain, and arm himself before they invade."

Jesús ha dicho: Bendita sea la persona que sabe por cuál parte invaden los bandidos, porque se levantará y recogerá sus pertenencias y ceñirá sus lomos antes de que entren.

INTERPRETACIÓN:

Este pasaje es análogo a

Lucas 12:39-41

"Pero sabed esto, que si supiese el padre de familia a qué hora el ladrón había de venir, velaría ciertamente, y no dejaría minar su casa. Vosotros, pues, también, estad preparados, porque a la hora que no penséis, el Hijo del Hombre vendrá. Entonces Pedro le dijo: Señor, ¿dices esta parábola a nosotros, o también a todos?"

104

ⲡⲉ-
> Sa-
-ϫⲁ·ⲩ ⲛ̄[·ⲓ̅ⲥ̅] ϫⲉ ·ⲁⲙⲟⲩ ⲛ̄ⲧⲛ̄·ϣⲗⲏⲗ` ⲙ̄·ⲡⲟⲟⲩ
-id-they to Jesus this: Come(sg), (we)-pray today,
ⲁⲩⲱ ⲛ̄ⲧⲛ̄·ⲣ̄·ⲛⲏⲥⲧⲉⲩⲉ ⲡⲉϫⲉ·ⲓ̅ⲥ̅ ϫⲉ ⲟⲩ ⲅⲁⲣ
and (we)-fast. Said Jesus this: (for) What (---),
ⲡⲉ ⲡ·ⲛⲟⲃⲉ ⲛ̄ⲧⲁⲉⲓ·ⲁ·ⲁϥ` ⲏ ⲛ̄ⲧⲁⲩ·ϫⲣⲟ ⲉⲣⲟ·ⲉⲓ
is(m) the-sin I-have-done(), or they-have-won over-me
ϩⲛ̄·ⲟⲩ ⲁⲗⲗⲁ ϩⲟⲧⲁⲛ ⲉⲣϣⲁⲛ·ⲡ·ⲛⲩⲙⲫⲓⲟⲥ ·ⲉⲓ
in-what? > Rather, when should-the-bridegroom come
ⲉⲃⲟⲗ ϩⲙ̄·ⲡ·ⲛⲩⲙⲫⲱⲛ ⲧⲟⲧⲉ ⲙⲁⲣⲟⲩ·ⲛⲏ`
out of-the-bridal-chamber, then let-them-fa\
-ⲥⲧⲉⲩⲉ ⲁⲩⲱ ⲙⲁⲣⲟⲩ·ϣⲗⲏⲗ`
-st, and let-them-pray.

They said to Jesus, "Come, let us pray today and let us fast." Jesus said, "What is the sin that I have committed, or wherein have I been defeated? But when the bridegroom leaves the bridal chamber, then let them fast and pray."

Le dicen: ¡Ven, oremos y ayunemos hoy!

Jesús ha dicho: ¿Pues cuál es la transgresión que he cometido yo, y en qué he sido vencido? Pero cuando salga el novio de la alcoba nupcial, ¡entonces que ayunen y oren!

INTERPRETACIÓN:

Este pasaje es similar a Mateo 9:15, Marcos 2:19-20 y Lucas 5:34 y 35.

> **Mateo 9:15**
> "Jesús les dijo: ¿Acaso pueden los que están de bodas tener luto entre tanto que el esposo está con ellos? Pero vendrán días cuando el esposo les será quitado, y entonces ayunarán."

Tomás añade la pregunta de Jesús, la cual nos deja ver que el ayuno implica un corazón afligido, que busca expiación o que necesita victoria en un área. Algo que Jesús no necesitaba, pues ya era victorioso en todo y sin pecado.

Además, en el dicho 27, como fue explicado, Jesús habla de ayunar el sistema. Lo mismo que enfatizó Clemente de Alejandria en sus escritos.

Jesús nos hace ver en este pasaje, que al salir el novio de la cámara nupcial algo dramático va a suceder que requerirá de ayuno y oración "Pero cuando salga el novio de la alcoba nupcial, ¡entonces que ayunen y oren!"

Esto lo vemos en Apocalipsis 19:11-16 cuando después de unirse Cristo a su Esposa en la cena de las bodas, Él sale en un caballo blanco a juzgar y a traer justicia.

(Entendemos las bodas del cordero cuando Jesús se une a su Iglesia haciéndola Su cuerpo y habitándola por Su Espíritu.)

105

ΠΕΧΕ·ΙC ΧΕ ΠΕ-
Said Jesus this: He-
-Τ·ΝΑ·ϹΟΥϢΝ·Π·ΕΙϢΤ MN·Τ·ΜΑΑΥ ϹΕ·ΝΑ·ΜΟΥ-
-who-will-know-the-father and-the-mother, they-will-ref-
-ΤΕ ΕΡΟ·ϥ ΧΕ Π·ϢΗΡΕ M·ΠΟΡΝΗ
-er to-him as "the-son of(the)harlot."

Jesus said, "He who knows the father and the mother will be called the son of a harlot."

Jesús ha dicho: Quien conoce al padre y la madre, será llamado hijo de ramera.

INTERPRETACIÓN:

Ante Dios, Israel se había convertido en una ramera, la cual llamó 'la gran Babilonia' la cual fornicaba con ídolos y costumbres paganas. El padre y la madre representan las tradiciones y mandamientos de hombres con los que se contaminó Israel. La palabra "conocer" en este contexto quiere decir, comunión íntima. Se refiere a los que se quedan arraigados a un sistema religioso, cualquiera que este sea, son hijos de la ramera. (Apocalipsis 17:1-5).

106

ⲢⲞⲦⲀⲚ   ⲈⲦⲈⲦⲚ·ⳤⲀ·Ⲣ·Ⲡ·ⲤⲚⲀⲨ ⲞⲨⲀ   ⲦⲈⲦⲚⲀ·ⳤⲱ-
when   __ you(pl)-should-make-the-two one, you(pl)-will-come-to-
-ⲠⲈ   Ⲛ·ⳤⲎⲢⲈ   Ⲙ·Ⲡ·ⲢⲰⲘⲈ   ⲀⲨⲰ   ⲈⲦⲈⲦⲚ·ⳤⲀⲚ·
-be   the-sons   of-the-man,   >   and   if-you(pl)-should-
·ⲬⲞ·ⲞⲤ   ⲬⲈ   Ⲡ·ⲦⲞⲞⲨ ·ⲠⲰⲰⲚⲈ   ⲈⲂⲞⲖ`   Ⳓ·ⲚⲀ·
-speak   this-   "Mountain,   move   away,"   he-will-
·ⲠⲰⲰⲚⲈ
-move.

Jesus said, "When you make the two one, you will become the sons of man, and when you say, 'Mountain, move away,' it will move away."

Jesús ha dicho: Cuando hagáis de los dos uno, os convertiréis en hijos de la humanidad y cuando digáis a la montaña, "¡Muévete!", se moverá.

INTERPRETACIÓN:

Este pasaje es análogo al dicho de Jesús en el versículo 48.

Este versículo en particular, enfatiza que cuando entremos en esa unicidad, comenzando por unirnos al Hijo y al Padre, y luego con los hermanos, entonces seremos los nuevos "Adan".

ⲡⲉϫⲉ·ⲓⲥ	ϫⲉ	ⲧ·ⲙ︦ⲛ︦ⲧⲉⲣⲟ		ⲉⲥ·ⲧ︦ⲛ︦ⲧⲱ︦
Said Jesus	this:	the-kingdom,		she-compares

ⲉ·ⲩ·ⲣⲱⲙⲉ	ⲛ̄·ϣⲱⲥ	ⲉⲩⲛ̄·ⲧⲁ·ϥ`	ⲙ̄·ⲙⲁⲩ	ⲛ̄·ϣⲉ	ⲛ̄·
to-a-man	sheepherding,	who-had-he	there	100	-

·ⲉⲥⲟⲟⲩ	ⲁ·ⲟⲩⲁ	ⲛ̄·ϩⲏⲧ·ⲟⲩ	·ⲥⲱⲣⲙ`	ⲉ·ⲡ·ⲛⲟϭ	ⲡⲉ
-sheep.	> Did-one	of-them	stray -	the-greatest	was-he;

ⲁϥ·ⲕⲱ	ⲙ̄·ⲡⲥⲧⲉ·ⲫⲓⲧ	ⲁϥ·ϣⲓⲛⲉ	ⲛ̄ⲥⲁ·ⲡⲓ·ⲟⲩⲁ
he-left	(the)ninety-nine;	he-sought	after-that-one

ϣⲁⲛⲧⲉϥ·ϩⲉ	ⲉⲣⲟ·ϥ`	ⲛ̄ⲧⲁⲣⲉϥ·ϩⲓⲥⲉ	ⲡⲉϫⲁ·ϥ`
until-he-fell	upon-him;	> having-been-troubled,	said-he

ⲙ̄·ⲡ·ⲉⲥⲟⲟⲩ	ϫⲉ	ϯ·ⲟⲩⲟϣ·ⲕ`	ⲡⲁⲣⲁ·ⲡⲥⲧⲉ·ⲫⲓⲧ`
to-the-sheep	this:	"I-love/want-you(sg)	more-than(the)99."

Jesus said, "The kingdom is like a shepherd who had a hundred sheep. One of them, the largest, went astray. He left the ninety-nine and looked for that one until he found it. When he had gone to such trouble, he said to the sheep, 'I care for you more than the ninety-nine.' "

Jesús ha dicho: El Reino se asemeja a un pastor que tiene 100 ovejas. Se extravió una de ellas, que era la más grande. El dejó las 99, buscó a la una hasta que la encontró. Tras haberse cansado, dijo a esa oveja, "¡Te quiero más que a las 99!"

INTERPRETACIÓN:

Este pasaje es análogo a

> **Mateo 18:12-14**
> "¿Qué os parece? Si un hombre tiene

cien ovejas, y se descarría una de ellas, ¿no deja las noventa y nueve y va por los montes a buscar la que se había descarriado? Y si acontece que la encuentra, de cierto os digo que se regocija más por aquélla, que por las noventa y nueve que no se descarriaron. Así, no es la voluntad de vuestro Padre que está en los cielos, que se pierda uno de estos pequeños."

Pero al decir a la número 100 "te quiero mas que a las 99", Tomás nos deja ver que la número 100 es la iglesia compuesta de los judíos convertidos y los gentiles.

Esto se podría comparar con lo profetizado en el cántico de Moises.

Deuteronomio 32:21

"Ellos me movieron a celos con lo que no es Dios; Me provocaron a ira con sus ídolos; Yo también los moveré a celos con un pueblo que no es pueblo, Los provocaré a ira con una nación insensata."

108

ΠΕΧΕ·ΙC ΧΕ	ΠΕΤΑ·ϹⲰ	ΕΒΟⲖ	ⲒⲚ·ΤΑ·ΤΑΠΡΟ
Said Jesus this:	Whoever-drinks	out	of-my-mouth,

ϥ·ΝΑ·ϢⲰΠΕ	Ⲛ·ΤΑ·ⲒΕ	ΑΝΟ·Κ	ⲒⲰ·	Ϯ·ΝΑ·ϢⲰΠΕ
he-will-come-to-be	in-my-way; >	I	also(I),	I-will-come-to-be

Ε·ΝΤΟ·ϥ	ΠΕ	ΑΥⲰ	ΝΕΘΗΠ'	·ΝΑ·ΟΥⲰΝⲒ	ΕΡΟ·ϥ'
as-he	is,	> and	those-hidden	will-appear	to-him.

Jesus said, "He who will drink from my mouth will become like me. I myself shall become he, and the things that are hidden will be revealed to him."

Jesús ha dicho: Quien bebe de mi boca, se hará semejante a mí. Yo mismo me convertiré en él, y los secretos se le revelarán.

INTERPRETACIÓN:

Jesús enfatiza que Él es la fuente, quien beba de sus palabras será transformado. Este podría ser un resumen del encuentro con la mujer samaritana. (Juan 4:9-29)

Juan 4:10

"Respondió Jesús y le dijo: Si conocieras el don de Dios, y quién es el que te dice: Dame de beber; tú le pedirías, y él te daría agua viva."

109

ΠΕΧΕ·ΙС ΧΕ   Τ·ΜΝΤΕΡΟ   ЄС·ΤΝΤШΝ   Є·Υ·ΡШ-
Said Jesus this: the-kingdom,   she-compares   to-a-ma-

-ΜЄ   ЄΥΝ·ΤΑ·Ϥ   [Μ]ΜΑΥ   2Ν·ΤЄϤ·ˋ·СШ ϢЄ   Ν·ΝΟΥ·
-n   who-had-he   there   in-his- \ -field   a-

·Є2Ο   ЄϤ·2[ΗΠˋ   ЄϤ·]Ο   Ν·ΑΤ·СΟΟΥΝˋ   ЄΡΟ·Ϥ   ΑΥ-
-treasure   ()hiding,   he-being   not-knowing   about-him;   > an-

-Ш   Μ[ΜΝΝСΑ·Τ]ΠЄϤ·ΜΟΥ   ΑϤ·ΚΑΑ·Ϥ   Μ·ΠЄϤ·ˋ
-d   after-his-death,   he-left-him   to-his-

[·ϢΗΡЄ   ΝЄ·Π]ϢΗΡЄ   ·СΟΟΥΝ   ΑΝˋ   ΑϤ·Ϥι·ˋ
-son.   The-son   knew   not.   He-took-

·Τ·СШϢЄ   ЄΤ·Μ·ΜΑΥ   ΑϤ·ΤΑΑ·[С ЄΒΟΛ ΑΥШ ΠЄΝ]-
-the-field   which-was-there;   he-gave-her   away,   > and   whoev-

-ΤΑ2·ΤΟΟΥ·С ΑϤ·ЄΙ ЄϤ·СΚΑЄΙ Α[Ϥ·2Є]   Α·Π·Є2Ο   ΑϤ·
-er-bought-her, he-came ()plowing; he-fell on-the-treasure. Did-he-

·ΑΡΧЄΙ   Ν·Τ·2ΟΜΤˋ   Є·Τ·ΜΗСЄ   Ν·[ΝЄΤ]·Ϥ·ΟΥΟϢ·ΟΥ
-begin   to-give-money   (at-interest)   to-those-he-loves().

Jesus said, "The kingdom is like a man who had a [hidden] treasure in his field without knowing it. And [after] he died, he left it to his [son]. The son [did] not know (about the treasure). He inherited the field and sold [it]. And the one who bought it went plowing and [found] the treasure. He began to lend money at interest to whomever he wished."

Jesús ha dicho: El Reino se asemeja a una persona que tiene un tesoro escondido en su campo sin saberlo. Y después de morir, lo legó a su hijo. El hijo no lo sabía, aceptó aquel campo, lo vendió. Y vino quien lo compró, aró, descubrió el tesoro. Empezó a prestar dinero a interés a quienes quería."

Este pasaje es análogo y a la vez amplía el pasaje de **Mateo 13:44.**

> "Además, el reino de los cielos es semejante a un tesoro escondido en un campo, el cual un hombre halla, y lo esconde de nuevo; y gozoso por ello va y vende todo lo que tiene, y compra aquel campo."

De cierta manera está también en concordancia con la idea de Lucas 19:12-24, sobre la repartición de las minas, que los fieles negociaron para multiplicarlas.

110

ΠΕΧΕ·ĪC	ΧΕ	ΠΕΝΤΑϨ·ϬΙΝΕ	[Ṁ·]Π·ΚΟCΜΟC
Said Jesus	this:	Whoever-has-found	the-world
Ṅϥ·Ṗ·ṖṀ·ΜΑΟ		ΜΑΡΕϥ·ΑΡΝΑ	Ṁ·Π·ΚΟCΜΟC
&()-become-rich,		let-him-abdicate	from-the-world.

Jesus said, "Whoever finds the world and becomes rich, let him renounce the world."

Jesús ha dicho: Quien ha encontrado el sistema y se ha enriquecido, que renuncie al sistema.

Este pasaje puede ser una clara explicación del momento en que Jesús le pide al hombre rico que renuncie a todo lo que posee para ser perfecto en Mateo 19:16-26.

> **Mateo 19:21-22**
>
> "Jesús le dijo: Si quieres ser perfecto, anda, vende lo que tienes, y dalo a los pobres, y tendrás tesoro en el cielo; y ven y sígueme. Oyendo el joven esta palabra, se fue triste, porque tenía muchas posesiones."

Las riquezas del sistema, pueden ser un anzuelo mortal a quien las encuentra, ya que se quedan atrapados en ese esplendor y luego no se quieren soltar de él.

111

ⲡⲉⲭⲉ·ⲓ̅ⲥ̅ ⲭⲉ   ⲙ·ⲡⲏⲩⲉ   ·ⲛⲁ·ϭⲱⲗ` ⲁⲩⲱ   ⲡ·ⲕⲁ2
Said Jesus this: The-heavens will-be-rolled-up, and the-earth,
ⲙ·ⲡⲉⲧⲛ̅·ⲙ̅ⲧⲟ   ⲉⲃⲟⲗ`   ⲁⲩⲱ   ⲡⲉⲧ·ⲟⲛ2   ⲉⲃⲟⲗ   2ⲛ̅·
in-your(pl)-presence ( ); > and he-who-lives out of-
·ⲡⲉⲧ·ⲟⲛ2 ϥ·ⲛⲁ·ⲛⲁⲩ ⲁⲛ ⲉ·ⲙⲟⲩ ⲟⲩⲭ·2ⲟⲧⲓ ⲉ·ⲓ̅ⲥ̅
-he-who-lives, he-will-look not on-death; > because Jesus
·ⲭⲱ ⲙ̅·ⲙⲟ·ⲥ ⲭⲉ ⲡⲉⲧⲁ·2ⲉ ⲉⲣⲟ·ϥ` ⲟⲩⲁⲁ·ϥ ⲡ·ⲕⲟⲥ-
-speaks of-it this- whoever-falls upon-it himself, the-wo-
-ⲙⲟⲥ ·ⲙ̅ⲡϣⲁ ⲙ̅·ⲙⲟ·ϥ` ⲁⲛ
-rld be-worthy of-him not.

Jesus said, "The heavens and the earth will be rolled up in your presence. And the one who lives from the living one will not see death." Does not Jesus say, "Whoever finds himself is superior to the world"?

Jesús ha dicho: El Cielo y la tierra se enrollarán en vuestra presencia.

Y quien vive de adentro del viviente, no verá la muerte ni el miedo pues Jesús dice: Quien se encuentra a sí mismo, de él no es digno el sistema.

INTERPRETACIÓN:

Aquí la primera parte donde habla del cambio del cielo y la tierra se explica en **Apocalipsis 6:14**

> "Y el cielo se desvaneció como un pergamino que se enrolla; y todo monte y toda isla se removió de su lugar."

Esto nos da la base para interpretar el resto del pasaje.

En la era de Cristo, cuando cielo y tierra fueron transformados, podemos encontrarnos a nosotros mismos en Él, o como dice Pablo "conoceré como fui conocido" (1 Corintios 13:12).

1 Corintios 13:12

"Ahora vemos por espejo, oscuramente; mas entonces veremos cara a cara. Ahora conozco en parte; pero entonces conoceré como fui conocido."

Si nos encontramos a nosotros mismos en Él, es porque hemos perdido nuestra vida dentro del sistema de este mundo.

Mateo 16:25

" Porque todo el que quiera salvar su vida, la perderá; y todo el que pierda su vida por causa de mí, la hallará."

112

ΠΕΧΕ·ΙC ΧΕ ΟΥΟΕΙ
-rld   be-worthy of-him   not.   Said Jesus   this: Woe
Ñ·Τ·CΑΡΖ` ΤΑΕΙ ΕΤ·ΟϢΕ Ñ·Τ·ΦΥΧΗ   ΟΥΟΕΙ
on-the-flesh, the-one which-depends on-the-soul; (_) > Woe
Ñ·Τ·ΦΥΧΗ ΤΑΕΙ ΕΤ·ΟϢΕ Ñ·Τ·CΑΡΖ
on-the-soul, the-one which-depends on-the-flesh.

Jesus said, "Woe to the flesh that depends on the soul; woe to the soul that depends on the flesh."

Jesús ha dicho: ¡Ay de la carne que depende del alma, ay del alma que depende de la carne!

Una vez más, este pasaje puede perfectamente ser análogo a Jeremías 17:4-5 que describe el juicio a la Judá apóstata, que se cumplió en el año setenta.

Además, como hemos visto anteriormente, es un llamado de atención a no poner la fe en el sistema humano.

Jeremías 17:4-5

"Y perderás la heredad que yo te di, y te haré servir a tus enemigos en tierra que no conociste; porque fuego habéis encendido en mi furor, que para siempre arderá. Así ha dicho Jehová: Maldito el varón que confía en el hombre, y pone carne por su brazo, y su corazón se aparta de Jehová."

113

ⲡⲉⲝⲁ·ⲩ
Said-they

| ⲚⲀ·ϥ | Ⲛϭⲓ·Ⲛⲉϥ·ⲘⲀⲑⲎⲦⲎⲤ | ⲝⲉ | Ⲧ·ⲘⲚ̄ⲦⲉⲢⲟ |
| to-him, | viz-his-disciples, | this: | The-kingdom, |

| ⲉⲤ·Ⲛ̄ⲚⲎⲨ | Ⲛ̄·Ⲁⲱ | Ⲛ̄·ⲤⲞⲞⲨ | ⲉⲤ·Ⲛ̄ⲚⲎⲨ | ⲀⲚ | ⳠⲚ̄·ⲞⲨ· |
| she-is-coming | on-which | day? | > She-is-coming | not | in-a- |

| ·ϬⲱϢⲦ` | ⲉⲂⲞⲗ` | ⲉⲨ·ⲚⲀ·ⲝⲞ·ⲞⳞ | ⲀⲚ | ⲝⲉ | ⲉⲓⳞ·ⳠⲎⲎ- |
| -look | outward; | >they-will-be-speaking | not | this- | " Beho- |

| -Ⲧⲉ | Ⲙ̄·ⲡⲓ·ⳞⲀ | Ⲏ | ⲉⲓⳞ·ⳠⲎⲎⲦⲉ | ⲦⲎ | ⲀⲗⲗⲀ | Ⲧ·ⲘⲚ̄ⲦⲉⲢⲟ |
| -ld, | that-side" | or | "Behold, that-one"; | > Rather, | the-kingdom |

| Ⲙ̄·ⲡ·ⲉⲓⲱⲦ` | ⲉⳞ·ⲡⲟⲢϢ` | ⲉⲂⲞⲗ | ⳠⲓⲬⲘ̄·ⲡ·ⲕⲀⳠ | ⲀⲨⲱ |
| of-the-father, | she-is-spreading | out | upon-the-earth, | and |

| Ⲣ̄·ⲢⲱⲘⲉ | ·ⲚⲀⲨ | ⲀⲚ | ⲉⲢⲞ·Ⳟ | ⲡⲉⲝⲉ·ⳞⲓⲘⲱⲚ·ⲡⲉⲦⲢⲟⳞ |
| men | look | not | upon-her. | > |

His disciples said to him, "When will the kingdom come?" <Jesus said,> "It will not come by waiting for it. It will not be a matter of saying 'here it is' or 'there it is.' Rather, the kingdom of the father is spread out upon the earth, and men do not see it."

Sus discípulos le dicen: ¿Cuándo vendrá el Reino?

Jesús dice: No vendrá por expectativa. No dirán, "¡Mirad aquí!" o "¡Mirad allá!". Sino que el Reino del Padre se extiende sobre la tierra y los humanos no lo ven.

INTERPRETACIÓN:

Este versículo es análogo a

Lucas 17:20-21

"Preguntado por los fariseos, cuándo había de venir el reino de Dios, les respondió y dijo: El reino de Dios no vendrá con advertencia, ni dirán: Helo aquí, o helo allí; porque he aquí el reino de Dios está entre vosotros."

114

ⲡⲉⲭⲉ·ⲥⲓⲙⲱⲛ·ⲡⲉⲧⲣⲟⲥ
> Said-Simon-Peter

ⲛⲁ·ⲩ ⲭⲉ ⲙⲁⲣⲉ·ⲙⲁⲣⲓϩⲁⲙ ·ⲉⲓ ⲉⲃⲟⲗ ⲛ̄·ϩⲏⲧ·ⲛ̄
to-them this: Let-Mariam come out from-us,

ⲭⲉ ⲛ̄·ⲥϩⲓⲟⲙⲉ ·ⲙ̄ⲡϣⲁ ⲁⲛˋ ⲙ̄·ⲡ·ⲱⲛϩ ⲡⲉⲭⲉ·ⲓ̄ⲥ̄
for (the)women be-worthy not of(The)Life. Said Jesus

ⲭⲉ ⲉⲓⲥ·ϩⲏⲏⲧⲉ ⲁⲛⲟ·ⲕˋ ϯ·ⲛⲁ·ⲥⲱⲕˋ ⲙ̄·ⲙⲟ·ⲥ ⲭⲉ-
this: Behold, I, ( )will-lead her, so-

-ⲕⲁⲁⲥ ⲉ·ⲉⲓ·ⲛⲁ·ⲁ·ⲥ ⲛ̄·ϩⲟⲟⲩⲧˋ ϣⲓⲛⲁ ⲥ·ⲛⲁ·ϣⲱ-
-that I-might-make-her male, so she-might-come-to-

-ⲡⲉ ϩⲱ·ⲱⲥ ⲛ̄·ⲟⲩ·ⲡ̄ⲛⲁ̄ ⲉϥ·ⲟⲛϩ ⲉϥ·ⲉⲓⲛⲉ ⲙ̄·
-be also-her(self) a-spirit ( )living, ( )resembling -

·ⲙⲱ·ⲧⲛ̄ ⲛ̄·ϩⲟⲟⲩⲧˋ ⲭⲉ ⲥϩⲓⲙⲉ ·ⲛⲓⲙˋ ⲉⲥ·ⲛⲁ·ⲁ·ⲥ
-you(pl) male(s), > for woman -any ( )making-her(self)

ⲛ̄·ϩⲟⲟⲩⲧˋ ⲥ·ⲛⲁ·ⲃⲱⲕˋ ⲉϩⲟⲩⲛ ⲉ·ⲧ·ⲙ̄ⲛ̄ⲧⲉⲣⲟ·
male, she-will-go in to-the-kingdom-

·ⲛ·ⲙ̄·ⲡⲏⲩⲉ
of(the)heaven(s).

Simon Peter said to them, "Let Mary leave us, for women are not worthy of life." Jesus said, "I myself shall lead her in order to make her male, so that she too may become a living spirit resembling you males. For every woman who will make herself male will enter the kingdom of heaven."

Simón Pedro les dice: Que Mariam salga de entre nosotros, pues las hembras no son dignas de la vida.

Jesús dice: He aquí que le inspiraré a ella para que se convierta en varón, para que ella misma se haga una espíritu viviente semejante a vosotros varones. Pues cada hembra que se convierte en varón, entrará en el Reino de los Cielos.

Este último dicho no debe ser interpretado sin considerar dos cosas.

Primero, la línea del discurso de los dichos de Jesús descritos por Tomás, advierten más de una vez que el Reino implica la unicidad de todas las cosas. Llegar a una igualdad o equivalencia, como lo es en el origen. Es decir que tanto hombres como mujeres entren, y sean uno, en el postrer Adán.

Por eso dice en otro pasaje de este evangelio:

> "Jesús les ha dicho: Cuando hagáis de los dos uno, y hagáis el interior como el exterior y el exterior como el interior y lo de arriba como lo de abajo, y cuando establezcáis el varón con la hembra como una sola unidad de tal modo que el hombre no sea masculino ni la mujer femenina", sino que sean un espíritu en Él.

Lo mismo enfatiza en el dicho 106 y en el 48.

> "Jesús ha dicho: Cuando hagáis de los dos uno, os convertiréis en hijos de la humanidad y cuando digáis a la montaña, "¡Muévete!", se moverá".

En segundo lugar, Jesús está hablando dentro de un contexto histórico, donde las desigualdades eran extremas entre hombres y mujeres.

Las mujeres siempre fueron consideradas por la cultura hebrea como inferiores, incluso se les comparaba con perros. Por lo tanto, siempre tendrían la mentalidad de inferioridad e incluso de servidumbre.

Mas no el servicio por escogimiento como corresponde a la fe, sino el que proviene de un corazón sobajado.

Así que, creemos que en la declaración no quiso decir que Él cambiaría a las mujeres anatómicamente en hombres, sino que quería cambiar sus mentes, para que dejaran de comportarse bajo la limitante del entendimiento de ser mujer en aquella época y asimilaran que son capaces de recibir de Dios los mismos privilegios espirituales y autoridad.

Como lo enseña también el apóstol Pablo:

> **Gálatas 3:27-28**
> "porque todos los que habéis sido bautizados en Cristo, de Cristo estáis revestidos. Ya no hay judío ni griego; no hay esclavo ni libre; no hay varón ni mujer; porque todos vosotros sois uno en Cristo Jesús."

Y luego también añade:

1 Corintios 16:13

" Velad, estad firmes en la fe; portaos varonilmente, y esforzaos."

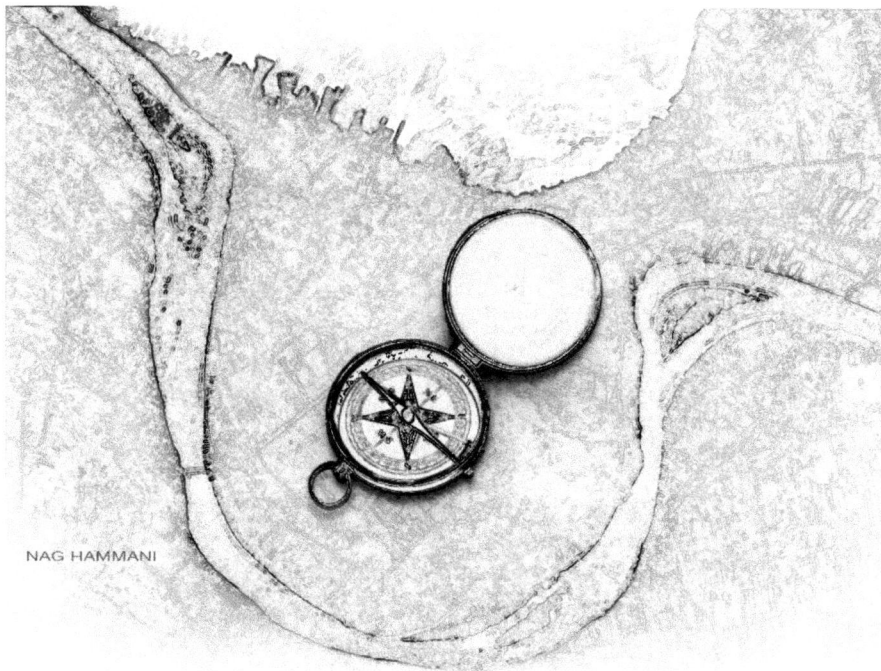

NAG HAMMANI

EVANGELIO
TO MÁS
DE

APÓCRIFO CON INTERLINEAL COPTO

COMENTADO POR: *Ana Méndez Ferrell, Simón Aquino,
Ana Louceiro Plattner y Lorenza Méndez*

VOICE OF THE LIGHT
MINISTRIES

Les Invitamos a ver los Entrenamientos Proféticos

www.vozdelaluz.com

Si este libro le gustó, le recomendamos también

El Fin de Una Era
Desenterrando La Historia

Ignorar la historia hace que caigamos en graves errores de interpretación, en cuanto a las profecías del "Fin del mundo".

Jesús y los apóstoles, usaron la palabra aion, refiriéndose al fin de una era y no Kosmos, que es el mundo.

El Historiador Judío Flavio Josefo, vivió todo el fin de la era Judía en el siglo I y lo escribió con gran detalle en sus libros "Las guerras de los Judíos." La autora hace una compilación y resumen de estos escritos históricos de gran valor, reuniendo los segmentos en los que podemos apreciar claramente el cumplimiento de todas las profecías del fin. Este es un libro revelador y a la vez muy fuerte, en que leerá las señales que se vieron en el cielo y en el Templo y los horrores que sucedieron, hasta la final destrucción de Israel.

Adquiérelo en

www.vozdelaluz.com

Veanos en **Frecuencias de Gloria TV** y **YouTube**
Síguenos en **Facebook**, **Instagram** y **Twitter**

www.frecuenciasdegloriatv.com
www.youtube.com/vozdelaluz

https://m.facebook.com/AnaMendezFerrellPaginaOficial
www.instagram.com/anamendezferrell
www.twitter.com/MendezFerrell

Contactenos en

Ministerio Voz De La Luz
P.O. Box 3418
Ponte Vedra, FL. 32004
USA
904-834-2447

www.vozdelaluz.com

www.ingramcontent.com/pod-product-compliance
Lightning Source LLC
Chambersburg PA
CBHW070350090426
42733CB00009B/1355